* A Fundamental Knowledge of LeeSoo BaZi BACK to the BASIC

五行 干支叢論

흔조 전경백

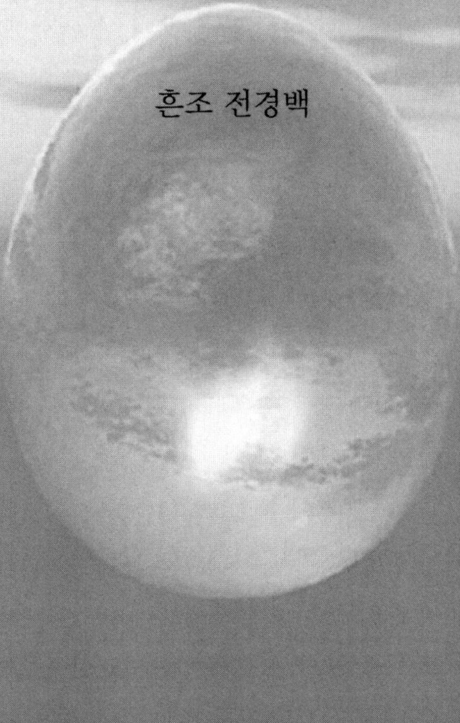

장서원 도서출판

오행간지총론(五行干支叢論)

첫판 1쇄 2008년 6월 12일

지은이 전경백

펴낸이 장석홍

펴낸곳 도서출판 장서원

140-160 서울 용산구 남영동 7-1(201호)

전화 703-5362 팩스 797-5362

등록 제 03-01213호

shjang1011@ hanmail.net

정가 25000원

Prologue

Back to the Basic

學과 術은 어느 것을 막론하고 基礎가 중요하다. 기초가 없으면 참된 응용을 할 수 없고, 기초가 튼튼하면 학문과 기술의 발전은 시간문제다. 기본기는 학습 초기에 철저히 익혀야 한다. 십수 년의 工夫도 기본이 충실하지 않으면 스스로 무덤을 파는 것과 마찬가지다. 누구에게나 늘 처음으로 돌아가는 정신이 필요하다.

우리 학파는 비교를 허락하지 않는 緊要하고도 고급한 학술을 보유하고, 이를 항상 공개하며 진화를 멈추지 않았다. 그러나 기본이 충실하지 못한 학도들은 원론부터 다시 세워야 하고 학습의 정도나 실력의 고하와 무관하게 누구나 기본에 충실해야만 발전할 수 있다. 그러므로 五行干支는 命理의 교육과정에서 반복되어 다루어지는 필수적인 범주에 속한다.

필자는 子平의 3대 寶典에서 가급적 스승의 古雅한

言文을 그대로 인용하여 수록하면서 짜임새 있는 편집을 시도했다. 三命通會와 子平一得에서 채록한 원문은 번역에 오류가 없도록 최대한 주의를 기울였다. 八字入門에서 다룬 干支甲子 편은 胞胎珍技를 전적으로 참고해서 정리하였음을 밝혀둔다. 바라건대 모쪼록 江湖의 많은 命理學徒들에게 유용한 길잡이가 되었으면 한다.

서기 2008년, 봄볕에 그을리며
李修門派 二大 掌門人 昕曹 삼가 적다

Contents

chapter 1. 子平一得

十干性情

서락오가 이르길, "십간이 음양오행에 따라 그 성정이 다 다른데 적천수는 원리만 논하고 용법을 말하지 않았으며, 궁통보감에는 용법을 말했으나 원리는 설명하지 않았다. 원리도 어렵고, 용법도 어려우니 난해하기는 마찬가지로 경험을 모아 체감하지 않으면 不能領悟라, 깨달아 알 수가 없다. 격국의 고저와 부귀의 등급이 다 십간오행의 관계에서 비롯되는데 스스로 연구한 것이 비록 보잘것 없고 단편에 불과하지만, 혼자 지니기보다는 같이 공유하는 것이 좋다 생각해서 여럿에게 알린다"고 했다.

甲木이 寅月에 나면 庚辛金을 싫어하고, 丙火를 기뻐하여 쓴다. 庚金이 申月에 나면 丁火를 기뻐하고, 壬水를 기피한다. 甲이나 庚은 모두 건록의 월령에 태어났지만, 甲은 洩을 기뻐하고 剋을 싫어하며 庚은 剋을 좋아하고 洩을 싫어한다.

春木用金, 秋金用水, 決非上格.

춘목이 金을 用하든지, 추금이 水를 用하면 결정적으

로 상격이 되지 못한다.

金木之性情殊也.

金과 木의 성질이 (이렇게) 다르다.

丙丁은 똑같은 火지만, 해동하고 조후할 때는 丙火를 마땅히 쓰고 제련하고 극설할 때는 마땅히 丁火를 쓴다. 寅月 甲木이 丙火를 기뻐하는 것은 한냉한 여기를 몰아내고 해동을 원한 까닭으로 반생의 공을 이루는 것이다. 卯月 甲木이 丁火를 보면 이른바 목화통명이라 이른다.

註> 反生에는 두 가지 뜻이 있다. 하나는 水多木浮와 같이 자신을 생하는 성분이 오히려 독이 되는 상황을 의미하고, 또 하나는 食神制殺과 같이 식신이 칠살을 제압하여 자신을 살리는 경우를 뜻한다.

木이 겨울에 태어나면 水가 결빙되어 고목이 된다.

寒木向陽, 一丙透出, 有寒谷回春之象.

한목에 하나의 丙火를 보게 된다면 한곡회춘이 되어 격이 높아진다.

만일 丙火 대신에 丁火가 투간하면 온실에서 배양하는 식물과 같아서 조후의 역량은 미약한 것이다. 혹 丁火가

地支에 통근이 되고 기세가 강하다면 다소 쓸모가 있지만, 뿌리를 내리지 못하고 미약하면 효력이 제로에 가깝다. 이렇게 같은 火라도 丙丁의 성질이 전혀 다르다.

註> 丙火와 癸水는 太陽과 雨露의 體相으로 이 두 글자는 神功(divine help)과 같다. 丙癸를 用할 때는 通根을 논할 필요가 없다.

춘목은 庚辛을 두려워하지만 추목은 극제를 두려워하지 않는다.

枯枝落葉, 反喜金氣肅殺.

잎이 지고 가지가 시들면 오히려 금기숙살을 바라는 법이다.

그래서 乙木이 가을에 나고 辛金이 투출했는데 이를 丁火가 적절히 제어하면 상중상의 격이 된다. 甲木庚金丙火로 조합되어도 차상격을 이룬다.

왜 그런가?

乙辛丁은 質이요, 甲庚丙은 氣인 까닭이다. 삼추에는 만물이 성공하는 때라 기를 수렴하여 질로 변화한다. 이때 기의 역량은 박약하다. 팔자는 순수하고, 청한 것을 귀하게 여긴다. 그래서 乙辛丁의 質에 甲庚丙의 氣가 섞이지 말아야 한다.

水火는 서로 구제하기를 바라니 丙火와 壬水는 따로 생각할 수 없다. 따라서 丙火 일원이 壬水를 보지 못하거나, 壬水 일원이 丙火를 만나지 못하면 거개 상격이 아니고 또한 귀를 말할 수 없다.

丙火 일원에 水火가 대치하면 인수 木이 조화지신이 되고, 壬水 일원이라면 식신 木이 조화지신이 되는 즉 바로 이것이 수화기제의 공이 되어 귀명이 되지 않는 것이 없다.

丙火는 壬水를 두려워하지 않으나 癸水는 싫어한다. 壬水는 장강이나 대하와 같아 기세가 분방하니 태양이 강호를 비추면 광휘가 배증한다. 癸水는 우로와 같아 구름이 빛을 가린 격이 된다. 그러나 丙癸를 같이 써야 할 때가 있는데 그것은 여름에 난 木이다. 이때도 가급적이면 丙과 癸가 간격을 두고 각기 본분을 다해야 상격을 짓는 법이다.

註> 金水傷官喜見火요, 木火傷官喜見水다.

관살이 혼잡하면 보통 좋지 않으나 관살이 혼잡해도 무방한 경우가 있다. 적천수보주에 상세한 설명이 있다. 그런데 관살이 혼잡한 것을 기뻐할 뿐만 아니라 오히려 정편관이 같이 투간해야 귀격이라 할 수 있는 게 있다. 酉月 庚金이 그러하다. 팔월은 만추의 계절이라 점점 깊은 가을로 접어드니 한기의 위세는 날이 갈수록 더해진다. 고로 丙火를 취용하지 않을 수 없다. 丙火가 아니면 한기를 꺾을 방법이 없다. 그런데 酉月 庚金은 월령이 양인으로 금신의 세력이 강하고 예리하므로 丁火의 단련 없이는 좋은 검을 만들지 못하니 즉 성기할 수 없는 것이다.

庚金臨於酉, 丙丁火必須竝用, 陽刃架殺, 大貴之格.

庚金이 酉月에 임하면 丙丁을 같이 보아야 양인가살의 대귀격을 이룬다.

만약 丙火나 丁火가 단독으로 추간되면 귀는 논할 수 있으나 존귀에는 미치지 못한다. 水가 춘하에 태어나고 金의 발원이 없으면 귀를 논하지 않는다. 金이 춘하에 나서 水의 도세가 없으면 역시 귀를 논할 수 없다. 기실 춘하의 金은 인수가 없으면 안 된다. 그런데 조토는 생금할 수 없으니 水를 써서 반생의 공을 이룬다.

春夏辛金, 切忌木火, 不論强弱, 皆取水淘洗.

춘하에 난 辛金은 木火를 몹시 기피한다. 강약을 불

문하고 水를 취하여 도세해야 한다.

만약 木火가 많으면 용삭되니 반드시 길하지 않다.

丁火不離甲木, 甲木不離庚金.

丁火는 甲木을 떠날 수 없고, 甲木은 庚金을 떠날 수 없다.

그래서 적천수에는 적모適耗가 있으면 가춘가동이라 했다. 궁통보감에는 경금벽갑인정한다 했다. 丁火는 甲木이 없으면 불을 붙일 수가 없고 甲木이 있어도 庚金이 없으면 역량을 충분히 발휘할 수 없으니 모든 丁火 일원은 甲이 없이 귀하지 않고, 庚金 없이는 귀가 부족해진다. 이처럼 재인을 병용하는 것은 오행의 이치를 벗어난 것으로 볼 수 있다.

칠팔월의 庚金이 壬癸를 좋아하지 않는 것은 이미 앞에서 말했지만, 辛金은 오히려 壬水로 설하는 것을 매우 기뻐하여 금수상관이 되니 기가 청수하다. 단 癸水는 꺼린다.

金多水濁者, 癸水也.

금다수탁이란 癸水를 두고 하는 말이다.

대개 金生水란 금기를 설하여 金이 경청하여 아름답게

됨을 일컫는 말이다. 癸水는 우로와 같아 추동에는 한동으로 인해 설상으로 변하니 지나친 한냉을 혐오한다. 이때는 丙丁火의 관살이 아니면 해동이 불가하다. 이러한 이치는 오행의 생극제화로 설명하기 어려운 것이다.

註> 申月 庚金은 丁火를 기뻐하지만, 申月 辛金은 庚金의 도움이 있어도 剋이 불리하고 洩을 더욱 반긴다. 이것이 본질적인 陰陽干의 차이고, 또 乙木과 辛金이 다른 十干의 차이라 할 수 있다.

십간 상호 간의 관계로 희기를 논하기도 하는데 이것은 격국의 고저를 가늠할 때에 한한다. 만일 壬水를 기뻐하는데 壬은 없고 丁만 있다면 당연히 丁火를 써야 하고, 丁火가 없고 壬癸만 있다면 의당 壬癸를 쓴다. 이때는 격국이 상상지격이나 특수하지 않다 뿐이지, 귀격이 아니라거나 쓰지 못한다고 할 수는 없다.

任註看命捷結, 闡明用神不可傷, 不用盡可傷之理, 簡單扼要, 確是提綱掌領之法.

任鐵樵의 간명첩결에 용신이 분명히 드러나면 이를 상하게 함이 불가하고, 불용하면 완전히 상하게 하는 이치란 간단히 말해 제강에서 격용을 취하는 법이 확실하다는 얘기다.

玆再續之，相爭之局，調和爲貴，陽刃架殺，官用印綬，刃與財遇，宜見食神，官傷相見，用財解爭，才印交差，官殺調停，梟印奪食，比劫可解，不論旺衰，不論强弱，格有高下，用神無差.

재차 보태자면 상쟁지국에서는 조화로 貴를 삼는데 양인가살은 관용인수하고, 양인에 재를 만나면 의당 식신을 보아야 하며, 정관과 상관을 보면 재로 분쟁을 해소하고, 재인이 교차하면 관살로 조정해야 한다. 효인이 탈식하면 비겁으로 화해함이 가하니 이때는 왕쇠나 강약을 논하지 않고 격국의 고하만이 있을 뿐이니 용신에 차별을 두지 않는다.

chapter 2. 欄江網

五行總論

五行者, 本乎天地之間而不窮者也, 故謂之行.

오행, 그것은 하늘과 땅 사이의 근본으로 막힘이 없는 대상이니 行이라 이른 것이다.

北方陰極而生寒, 寒生水.

南方陽極而生熱, 熱生火.

東方陽散以泄而生風, 風生木.

西方陰止以收而生燥, 燥生金.

中央陰陽交而生溼, 溼生土.

其相生也所以相維, 其相尅也所以相制, 此之謂有倫.

북방은 陰이 極에 달하여 寒을 낳고, 寒은 水를 낳는다. 남방은 陽이 極에 달하여 熱을 낳고, 熱은 火를 낳는다. 동방은 陽이 흩어져 새니 風을 낳고, 風은 木을 낳는다. 서방은 陰이 그쳐 거두니 燥를 낳고, 燥는 金을 낳는다. 중앙은 陰陽을 주고받아 溼을 낳고, 溼은 土를 낳는다. 서로 받쳐 유지하니 相生이라 하고, 서로 제어하고 눌러 相尅이라 하는데 이상을 일컬어 倫이라 한다.

火為太陽，性炎上.

水為太陰，性潤下.

木為少陽，性騰上而無所止.

金為少陰，性沉下而有所止.

土無常性，視四時所乘，欲使相濟得所，勿令太過弗及.

火는 태양으로 타오르는 성질이다. 水는 태음이나 아래로 적시는 성질이다. 木은 소양으로 솟아오르고, 그침이 없다. 金은 소음이니 가라앉아 머문다. 土는 일정한 성질이 없이 사계절에 편승, 주관하는데 알맞은 자리를 얻어 相濟하려면 지나치거나 부족해서는 안 된다.

夫五行之性，各致其用.

水者其性智，火者其性禮，木其性仁，金其性義，惟土主信，重寬厚博，無所不容：以之水，即水附之而行； 以之木，則木托之而生； 金不得土，則無自出； 火不得土，則無自歸.

必損實以為通，致虛以為明，故五行皆賴土也.

보통 오행의 성질을 각기 실제에 응용한다. 水는 智，火는 禮，木은 仁，金은 義인데 오직 土만이 信을 주관하여 도량이 두텁고 넓으니 용납지 않는 것이 없다. 水는 土를 제방삼아 흐르고，木은 土에 뿌리를 내리고 자라며, 金은 土가 없이 생성될 수 없고, 火는 土가 없이 돌아갈 곳이 없다. 필시 가득 차면 덜어야 통하고, 비어야 밝아지는 고로 오행은 모두 土에 힘입는다.

推其形色, 則水黑, 火赤, 木青, 土黃, 此正色也.

及其變易, 則不然.

常以生旺從正色, 死絕從母色, 成形冠帶從妻色, 病敗從鬼色, 旺墓從子色.

형색을 추리하면 水는 黑이요, 火는 赤, 木은 青, 土는 黃으로 이상은 正色이다. 급기야 변하여 바뀌면 자연스럽지 않다. 생왕하면 正色을 따르고, 사절되면 母色을 따르며 관대를 이루면 妻色을 따른다. 病敗가 되면 鬼色을 따르고 旺墓하면 子色을 따른다.

其數則水一, 火二, 木三, 金四, 土五. 生旺加倍, 死絕減半.

數를 보면 水는 一, 火는 二, 木은 三, 金은 四, 土는 五다. 생왕하면 배가되고 사절되면 반감한다.

以義推之, 夫萬物負陰而抱陽, 沖氣以和.

過與不及, 皆為乖道.

故高者抑之使平, 下者舉之使崇, 或益其不及, 或損其太過。所以貴在折衷，歸於中道，使無有餘不足之累，即才官印食貴人驛馬之微意也.

行運亦如之，識其微意，則於命理之說，思過半矣.

이로써 뜻을 추리하면 대저 만물이 음양의 결합과 조화로 이루어진다. 지나침과 더불어 모자람은 모두 도를 어그러지게 한다. 그러므로 높으면 억제하여 수평을 이루고, 낮으면 들어 높이며 모자라면 더하고, 과하면 덜어 낸다. 그런 까닭에 貴는 절충에 있고, 중도로 돌아가 유여나 부족이 없어야 하니 이것이 재관인식귀인역마의 속뜻이라 할 수 있다. 행운 또한 그 뜻을 알게 되면 命理의 반은 넘은 것이다.

論木

木性騰上而無所止，氣重則欲金任使，有金則有惟高惟斂之德.

木의 성질은 위로 솟아 그치지 않으므로 木氣가 重할 때는 金을 써야 거둬들이는 덕을 나타내고 동량의 재목이 된다.

仍愛土重, 則根蟠深固, 土少則有枝茂根危之患.

土는 重함을 좋아하는데 木의 뿌리를 깊고 단단하게 내릴 수 있기 때문이다. 土가 적으면 가지는 무성하나 뿌리는 약해지니 위태로운 근심이 있다.

木賴水生, 少則滋潤, 多則漂流.

木은 水에 의지하니 水가 적당하면 滋潤하고, 지나치게 과하면 漂流한다.

甲戌, 乙亥, 木之源. 甲寅, 乙卯, 木之鄕. 甲辰, 乙巳, 木之生. 皆活木也. 甲申, 乙酉, 木受剋. 甲午, 乙未, 木自死. 甲子, 乙丑, 金剋木. 皆死木也.

甲戌과 乙亥는 木의 근원이며, 甲寅과 乙卯는 木의 고향이고, 甲辰과 乙巳는 木의 생지이므로 모두 活木이라 한다. 甲申과 乙酉는 木이 剋을 받으며, 甲午와 乙未는 木이 스스로 死하고, 甲子와 乙丑은 金이 木을 剋하므로 모두 死木이다.

- 난강망마스터리 I 中 -

[숙달*Mastery]

원시(原詩)는 木을 납음(納音)으로 활목(活木)과 사

목(死木)을 구분한다. 후대에 납음은 자평(子平)의 오행(五行) 이법(理法)에 맞지 않다 해서 '甲寅, 甲辰, 甲子, 乙亥, 乙卯, 乙丑'을 활목이라 하고 '甲午, 甲申, 甲戌, 乙巳, 乙未, 乙酉'를 사목으로 정리한 경우가 많았다. 하지만 일단은 '난강망'의 스펙트럼을 쉽게 부정하지 않는 게 좋다고 생각한다. 예컨대 甲申, 乙酉와 甲午, 乙未의 사목을 두고 금극목(金剋木)의 오행 이법이나 십이운성(十二運星)의 사궁(死宮)으로만 이해하는 식이라면 원문의 원, 향, 생(源鄕生) 등이 의미하는 바를 간과하기 쉽다. 활목으로 분류되는 '甲戌, 乙亥, 甲寅, 乙卯, 甲辰, 乙巳'의 납음은 보통 火와 水에 해당된다. 반면 사목으로 구분되는 조합은 납음 金에 속한다.

이중 甲申과 乙酉는 천중수(泉中水)로 얼핏 사목으로 분류하기엔 쉽게 납득이 가지 않을 수 있다. 이를테면 甲申과 乙酉를 절각(截脚)으로 간단하게 이해해서 활목과 사목으로 나누면 이치가 명료하기 그지없어 보인다. 그러나 이런 식으로 접근하면 甲戌이 활목이 되는 이치는 설명할 수 없게 된다. 결론적으로 甲申과 乙酉는 金이 생왕(生旺)하여 자연 로기생수(露氣生水)하므로 방

생지제(方生之際)는 되지만, 천중수(泉中水)는 샘솟는 힘이 미급하여 생목(生木)하는 힘에 미치지 못하고 금극(金剋)을 피할 수 없게 된다. 반면 甲寅과 乙卯의 대계수(大溪水)는 수류정동(水流正東)하여, 천윤지소(天潤之沼)하는 이치가 있으므로 능히 서출동류(西出東流)의 영귀(榮貴)를 보게 되니 생목(生木)하는 것이다. 그런데 이같이 일주(日柱)의 간지(干支)별로 활목과 사목을 구분해봤자 팔자술(八字術) 실전(實戰)에서는 별반 의미가 없다. 따라서 심각하게 개의(介意)할 필요는 없다.

註> 木을 관찰할 때는 팔자 전체의 구성에서 오행의 왕쇠강약에 따라 생목과 사목을 구분하는 것이 중요하다.

生木得火而秀, 丙丁相同. 死木得金而造, 庚辛必利.

生木은 火를 얻으면 수려해 지니, 丙丁火가 모두 같다. 死木은 金을 얻으면 다듬어 지니 庚辛金이 반드시 이롭다.

生木見金自傷, 死木得火自焚, 無風自止, 其勢亂也.

生木이 金을 보면 자연히 상해를 당한다. 死木은 火를 만나면 스스로 타버리고, 바람이 없으면 스스로 그치지만 그 기세는 어지럽다.

遇水返化其源，其勢盡也.

水를 만나면 근원이 변하는데 이는 그 세력을 다했기 때문이다.

金木相等，格謂斲輪. 若向秋生，反為傷斧，是秋生忌金重也.

金木의 세력이 비슷하면 나무를 깎아 바퀴를 만드는 격을 이루나, 만약 秋月生이면 오히려 도끼에 상하는 격이 되어 金이 重함을 꺼리게 된다.

木生於春，餘寒猶存. 喜火溫暖，則無盤屈之患. 藉水資扶，而有舒暢之美. 春初不宜水盛，陰濃則根損枝枯. 春木陽氣煩燥，無水則葉槁根枯.

是以水火二物，既濟方佳. 土多而損力，土薄則財豐.

忌逢金重傷殘剋伐，一生不閑. 設使木旺，得金則良，終生獲福.

木이 봄에 나면 아직 한기가 남아 있다. 火가 온난하게 함을 기뻐하고, 그러면 나무가 굽을 염려가 없다. 더욱이 水가 도우면 뻗어나 자라는 아름다움이 있다. 초봄에는 水가 왕성한 것이 좋지 않으며, 水가 성하면 음습이 지나쳐 뿌리가 썩고 잎이 메마른다. 春木은 양기가 상승해서 번조하니, 水가 없으면 잎이 마르고 뿌리도 마른다. 그러므로 水火가 서로 역할을 다해야 아름답다. 土가 많으면 기운이 손상되고, 土가 엷으면 재물이 풍족해 진다. 金을 거듭 만나는 것을 꺼리는 것은 극벌로 상해되어, 일생이 한가롭지 못하기 때문이다. 木이 旺하면, 金을 얻어야 좋고 이때는 평생토록 복을 누린다.

夏月之木, 根乾葉燥, 盤而且直, 屈而能伸.
欲得水盛而成滋潤之力, 誠不可少.
切忌火旺而招焚化之憂, 故以為凶.
土宜在薄, 不可厚重, 厚則反為災咎.
惡金在多, 不可欠缺, 缺則不能琢削.
重重見木, 徒以成林, 疊疊逢華, 終無結果.

여름의 木은 뿌리와 잎이 건조하여, 곧고 휘어진 것이 능히 펼쳐진다. 水가 왕성해야 자윤하는 힘을 가지니, 실로 水가 적으면 안 된다. 火가 왕함을 절대로 기피하는 것은 불타버리는 근심을 초래하기 때문이고 이것은 매우 흉하다. 土가 얕은 것이 좋고 두터우면 재앙과 허물이 된다. 金이 많은 것을 싫어하지만 부족한 것도 좋지 않으며, 金이 부족하면 木을 다듬고 깎을 수가 없다. 거듭하여 木을 보면 무리가 숲을 이루고, 영화가 거듭되지만 끝에는 아무 결실이 없다.

秋月之木, 氣漸凄涼, 形漸凋敗.

初秋之時, 火氣未除, 尤喜水土以相滋.

中秋之令, 果以成實, 欲得剛金而修削.

霜降後不宜水盛, 水盛則木漂.

寒露節又喜火炎, 火炎則木實.

木多有多材之美, 土厚無自任之能.

가을의 木은 기운이 점차 차가워지니 형상은 점점 시들어 간다. 初秋에는 火氣가 남아 있으니, 재차 水土로 도와 번성해짐을 기뻐한다. 中秋의 월령은 과실이 결실을 이룰 때니, 강한 金으로 다듬고자 한다. 상강 이후에 水가 왕성한 것은 좋지 못하며, 水가 성하면 木이 표류한다. 한로에는 火가 강하면 좋은데, 火가 강하면 木이 실해 지기 때문이다. 木이 많으면 재능이 있고, 土가 두터우면 스스로 감당할 힘이 없다.

冬月之木, 盤屈在地, 欲土多而培養. 惡水盛而忘形. 金總多不能剋伐. 火重見溫暖有功.歸根復命之時木病安能輔助, 須忌死絕之地, 只宜生旺之方.

겨울의 木은 굽고 얽혀 꼬부라져 땅에 있으니, 土가 많으면 배양하고자 한다. 水가 성하면 형체를 잃게 되어 기피한다. 金이 많아도 극복할 수 없다. 火를 거듭 보아

온난하면 공을 이룬다. 동목은 뿌리로 돌아가 생명을 다시 시작하는 시기다. 木의 병은 도움을 받아야 치유되니, 모름지기 사절지를 꺼리고 오직 생왕의 방향으로 향해야 한다.

論火

炎炎真火, 位鎮南方, 故火無不明之理, 輝光不久.

세찬 불길이 진정한 火로 방위는 남쪽이니 환하지 않을 이유가 없으나 불빛이 오래 가지는 않는다.

全要伏藏, 故明無不滅之象.

온전하게 숨어 감추어지면 밝지는 않되 불멸의 상이 된다.

火以木為體. 無木, 則火不長焰.

木으로 체를 삼는다. 木이 없으면 火는 오래 불붙지 않는다.

火以水為用，無水，則火太酷烈.

火는 水로 用을 삼으니, 水가 없다면 심하게 작렬한다.

故火多則不實，火烈則傷物.

그러므로 火가 많으면 부실해지고, 불이 세차면 만물을 상하게 한다.

木能藏火，到寅卯方而生火，不利於西，遇申酉而必死.

木은 능히 火를 품으니 寅卯의 방위에 이르면 火를 生하나, 西에서 불리한즉 申酉를 만나면 반드시 꺼진다.

生居離位，木斷有為，若居坎宮，謹畏守禮.

離(남방)의 자리에 거해 生하면 과단성이 있고, 만약 坎(북방)에 자리하면 조심하는 마음으로 예의를 지킨다.

金得火和，而能鎔鑄.

金을 얻어 조화되면 능히 쇠붙이 녹여 기물을 만든다.

水得火和，則成既濟.

水를 얻어 조화되면 기제의 공을 이룬다.

遇土不明，多主蹇塞.

土를 만나면 흐려지니 주로 막히는 일이 많다.

逢木旺處, 決定爲榮.

木이 왕한 곳에 달하면 영화가 결정된다.

木死火虛, 難得永久, 縱有功名, 必不久長.

木이 죽으면 火는 허해지고, 오래 가지 못하니 공명이 있어 그것을 쫓아도 장구하지 못하다.

春忌見木, 惡其焚也.

봄에는 木을 만나 불사르게 됨을 꺼린다.

夏忌見土, 惡其暗也.

여름에는 土를 만나 어둡게 됨을 꺼린다.

秋忌見金.金難剋制.

가을에 金을 만나면 녹이기가 어렵다.

冬忌見水, 水旺則滅.

겨울에 水를 만나면 꺼지게 된다.

故春火欲明, 不欲炎. 炎則不實.

그러므로 봄철의 火는 밝은 것을 좋아하며 뜨거워지는 것을 바라지 않는다. 타오르면 부실해진다.

秋火欲藏, 不欲明. 明則太燥, 冬火欲生, 不欲殺, 殺則歇滅.

가을철의 火는 밝기를 바라지 않는다. 밝으면 메마르게 되고 겨울철의 火는 殺을 기피하는데 水로 인해 꺼지기 때문이다.

生於春月, 母旺子相, 勢力並行, 喜木生扶, 不宜過旺, 旺則火炎.

欲水既濟, 不愁興盛, 盛則沾恩. 土多則蹇塞埋光.

火盛則傷多烈燥. 見金可以施功, 縱重見用才尤遂.

봄의 火는 모왕자상하니 세력이 병행하고, 木의 생부를 기뻐하나 지나치게 불타오르면 마땅치 않다. 水로써 기제됨을 바라고, 이로써 흥성함을 염려치 않으니 성한즉 은혜를 입게 된다. 토가 많으면 멈추어 빛이 묻히며, 火가 성하면 상함이 많고 극히 조열해진다. 金을 보면 가히 베푸는 공이 있으니, 여러 개 있어도 財를 用하므로 더욱 좇아간다.

夏月之火, 秉令乘權. 逢水制則免自焚之咎, 見木助必招夭折之患, 遇金必作良工, 得土遂成稼穡. 金土雖為美利, 無水則金燥土焦, 再加木助, 太過傾危.

여름의 火는 사령하여 권리를 잡아 오른다. 水를 만나

制하면 스스로 焚火하는 재앙을 면하나, 木을 보면 요절할 염려가 있고, 金을 만나면 필시 좋은 기물을 이루며, 土를 얻어 稼穡을 이룬다. 비록 金土가 아름답고 이로우나 水가 없으면 金土가 마르고 갈라지니 재차 木을 본다면 지나쳐 위태로운 지경에 이를 것이다.

註> 丙은 水의 旣濟가 제일이고, 丁은 金을 얻어 鎔鑄하면 최선이다. 이것을 화장하천금첩첩(火長夏天金疊疊)이라 해서 거부의 팔자에서 많이 볼 수 있다.

秋月之火, 性息體和, 得木生則有復明之慶. 遇水剋難免隕滅之災. 土重而掩息其光. 金多而損傷其勢. 火見火以光輝, 縱疊見而必利.

가을의 火는 성질이 쇠락하여 휴지기에 접어드니, 木을 얻으면 다시 밝아지는 경사가 있다. 水의 剋을 만나면 소멸되어 환난을 면하기 어렵다. 土가 重하면 그 빛이 가려져 어둡기 쉽다. 金이 많으면 세력의 손상을 입게 된다. 火를 보면 빛이 나게 되니 비록 중첩되어도 반드시 이롭다.

冬月之火, 體絕形亡, 喜木生而有救, 遇水剋以為殃. 欲土制為榮, 愛火比為利. 見金為難任財, 無金而不遭害, 天地雖傾, 火水難成.

겨울의 火는 형체를 상실하니 木의 生을 기뻐하여 구제됨이 있고 水의 剋을 당하면 재앙이 따른다. 土로 制하면 영화롭고, 火의 비견과 친밀하니 이롭게 작용한다. 金을 만나면 財를 감당하기 어려우니 해롭고, 金이 없다면 害를 입지 않으나 천지가 한편으로 치우치면 水火는 이루기가 어렵다.

論土

五行之土, 散在四維, 故金木水火, 依而成象, 是四時皆有用有忌者, 火, 死酉也, 水, 旺子也, 蓋土賴火運, 火死則土囚, 土喜水才, 水旺則土虛, 土得金火, 方成大器, 土高無貴, 空惹灰塵, 土聚則滯, 土散則輕.

오행의 土는 四維 - 艮宮인 丑寅, 巽宮인 辰巳 坤宮인 未申, 乾宮인 戌亥로 四宮에 얽매임을 뜻함 - 에 산재해 있으므로 金木火水는 이에 의지하여 象을 이루고, 四時에 따라 모두 쓰임이 있고 꺼림도 있다. 火는 酉에서 死하고 水는 子에서 旺하다. 대개 土는 火運에 의지하니 火가 死하면 土는 囚이다. 土는 水를 기뻐하나 水가 旺하면 土가 虛하다. 土는 金火를 얻어야 큰 그릇이 되고 土가 지나치면 貴가 없고 재와 먼지만 일으킨다. 土가 모이면 막히고 土가 흩어지면 가볍다.

辰戌丑未, 土之正也, 分陰分陽, 主則不同, 辰有伏水, 未有匿木, 滋養萬物, 春夏為功, 戌有藏火, 丑有隱金, 秋火冬金, 肅殺萬物, 土聚辰未為貴, 聚丑戌不為貴, 是土愛辰未, 而不愛丑戌也明矣, 若更五行有氣, 人命逢之, 田產無比, 晚年富貴悠悠.

辰戌丑未는 土의 정방이고 음과 양으로 나누어지며 반드시 똑같은 것은 아니다. 辰土는 水를 감추고 未土는 木을 숨기어 만물을 자양하니 春夏의 공이 있다. 戌土는 火를 품고 丑土는 金을 숨기어 가을 火와 겨울 金은 만물을 숙살한다. 따라서 土가 辰未면 귀하게 되고 丑戌이면 귀가 없다. 이것은 土가 辰未를 좋아하고 丑戌을 꺼리는 것이 분명하다. 만약 五行이 有氣한데 사람의 命에서 이를 본다면 전답과 재산이 견줄 바가 없고 만년부귀가 오래토록 갈 것이다.

若土太實無水, 燥則不和, 無木則不疏通, 土見火則焦, 女命多不生長, 土旺四季, 惟戌土困弱, 戌多為人好鬥, 多瞌睡, 辰未人好食, 丑人清省, 丑為艮土, 有癸水能潤而膏, 人命遇此, 主能卓立.

만약 土가 너무 실하고 水가 없으면 조열해서 조화되지 못하고 木이 없으면 소통이 안 된다. 土가 火를 보면 메마른다. 女命에 火土가 많으면 생장할 수 없다. 土는 四季에서 왕한데 오직 戌土만 약하고 곤고하다. 戌土가 많으면 싸움을 좋아하고 잠이 많다. 辰未土가 있는 사람은 음식을 좋아하고 丑이 있으면 탐욕이 없고 사리가 분명하다. 丑土는 艮土로 癸水가 있어 윤택하여 기름지게 하는데 사람의 命이 이러하면 능히 고위직에 오를 수 있다.

生於春月, 其勢虛浮, 喜火生扶, 惡木太過, 忌水泛濫, 喜土比助, 得金而制木為祥, 金太多仍盜土氣.

봄의 土는 그 기세가 부실하니 火의 생부를 좋아하고 木의 지나침을 싫어하고 水의 범람을 기피한다. 土 비견의 조력을 기뻐하고 金을 얻어 木을 제하는 것은 좋다. 金이 지나치게 많으면 土氣를 훔치게 된다.

夏月之土, 其勢燥烈, 得盛水滋潤成功, 忌旺火煆煉焦坼, 木助火炎, 水剋無礙, 金生水泛, 妻才有益, 見比肩蹇滯不通, 如太過又宜木剋.

여름의 土는 기세가 조열하니 왕성한 水로 자윤하면 공을 이루고 火가 왕하면 뜨겁게 달구어져 땅이 메말라 갈라지니 꺼리고, 木이 화염을 도우나 水가 극하면 장애가 없다. 金이 水를 도우면 처복과 재복이 있고, 比肩이 있으면 막혀 소통하지 않으니 土가 태과하면 木으로 극하는 것이 마땅하다.

秋月之土, 子旺母衰, 金多而耗盜其氣, 木盛須制伏純良, 火重重而不厭, 水泛泛而不祥, 得比肩則能助力, 至霜降不比無妨.

가을의 土는 子旺母衰 하니 金이 많으면 氣運이 몹시 소모되고 木이 성하면 제복되어야 온전하고 어질다. 火가 거듭 있어도 걱정하지 않으나 水가 범람하면 상서롭지 못하다. 比肩을 얻으면 능히 도움이 되지만 霜降 상강이 지나면 比肩이 없어도 무방하다.

冬月之土, 外寒內溫, 水旺才豐, 金多子秀, 火盛有榮, 木多無咎, 再加比肩扶助為佳, 更喜身主康強足壽.

겨울의 土는 겉은 추워도 안으로는 온기가 있어 水가 旺해도 재물이 풍족하고 金이 많으면 자식이 뛰어나고 火가 왕성하면 영화로움이 있고 木이 많아도 허물이 없다. 재차 比肩이 가세하여 부조하면 좋고 더욱 기쁜 것은 건강하고 장수한다.

辰戌丑未, 四土之神, 惟未土為極旺, 何也, 辰土帶木氣剋之, 戌土之土, 帶金氣泄之, 此三土雖旺而不旺, 故土臨此三位, 金多作稼穡格, 不失中和, 若未月土, 則帶火氣也, 帶火以生之, 所以為極旺也, 若土臨此旺未月, 見四柱土重, 多作火炎土燥, 不可作稼穡看, 但臨此月之土, 見金結局者, 不貴即富也, 書曰, 土逢季月見金多, 終為貴論, 而在未月尤甚.

辰戌丑未는 四土의 神으로 土가 가장 왕성할 때다. 오직 未土만이 아주 극왕한 데 辰土는 木氣를 지니고 있어 극함이 있고 戌丑土는 金氣를 지니고 있어 설하므로 辰戌丑 土는 비록 왕한 때이나 왕하지 않으며 따라서 土가 辰戌丑에 이르고 金이 많으면 가색격을 이루는 것은 중화를 잃지 않기 때문이다. 만약 未월 土가 火氣를 띠면 火가 생하여 土는 극왕하게 된다. 만약 土가 이렇게 왕한 未월에 사주가 土의 중함을 보면 대부분 화염토조로 나타나 가색격이 될 수 없다. 다만 未월의 土는 金局을 이루면 귀는 아니나 부격을 이룬다. 고서에 이르길 "四季의 土가 金이 많으면 종래는 貴하게 되는데 未月에 더욱 그렇다"라고 한 것이다.

論金

金以至陰為體, 中含至陽之精, 乃能堅剛, 獨異衆物, 若獨陰而不堅, 冰雪是也, 遇火則消矣, 故金無火鍊, 不能成器, 金重火輕, 執事繁難, 金輕火重, 煆煉消亡, 金極火盛, 為格最精, 金火全, 名曰鑄印, 犯丑字, 即為損糢, 金火多名為乘軒, 遇死衰, 反為不利, 木火煉金, 成名鋭而退速, 純金遇水, 逢富顯以贏餘, 金能生水, 火旺則金沉, 土能生金, 金多則土賤, 金無水乾枯, 水重, 則沉淪無用, 金無土死絶, 土重, 則埋沒不顯, 兩金兩火, 最上, 兩金兩木, 才足, 一金生三, 洑弱難勝, 一金得三木, 頑鈍自損, 金成則火滅, 故金未成器, 欲得見火, 金已成器, 不欲見火, 金到申酉巳丑, 亦可謂之成也, 運喜西北, 不利南方.

金은 지극히 陰한 것을 體로 삼으나 그 가운데 陽의 精을 내포하여 튼튼하고 강해 일반 물질과는 다르다. 만약 음으로만 되어 있으면 견고하지 않아 火를 만나면 얼음과 눈처럼 소멸될 것이다. 고로 火의 제련이 없는

金은 그릇을 이루지 못하고, 金이 중하고 火가 경하면 하는 일에 번거롭고 어렵다. 金이 경하고 火가 중하면 쇠를 달구어 제련하다 소멸된다. 金이 극왕하고 火가 왕성하면 최고의 격국이 된다. 金火가 온전하면 주인(무쇠로 만든 도장)이라 하고 丑이 범하면 손모한다. 金火가 많으면 승헌(사대부가 됨)이라 하나 사쇠지를 만나면 오히려 불리해진다. 木火가 金을 단련하면 예리함이 있어 물러남이 빠르다. 순수한 金이 水를 만나면 부유하여 풍요롭다. 金은 水를 생할 수 있으나 水가 왕하면 金이 가라앉는다. 土는 金을 생하나 金多하면 土는 엷아진다. 金은 水가 없으면 乾枯하고 水가 중하면 가라앉으니 쓸모가 없다. 金이 없으면 土가 死絶되고 土가 중하면 埋沒되어 드러나지 않는다. 兩金兩火면 최상이고 兩金兩木이면 재물이 족하다. 하나의 金이 세 개의 水를 생하면 힘이 약해 승리가 어렵고, 하나의 金이 세 개의 木을 득하면 둔해지고 스스로 손상을 입는다. 金이 성하면 火가 멸하므로 金이 기물을 만들지 못하고 火를 얻기 바라지만 이미 기물을 이루었다면 火를 꺼린다. 火를 보지 않으려도 金이 申酉巳丑에 이르면 역시 기물을 이룰 수 있어 西北運은 길하고 南方運은 불리하다.

生於春月，餘寒未盡，貴乎火氣為榮，性柔體弱，欲得厚土輔助，水盛增寒，難施鋒銳之勢，木旺損力，有剉鈍之厄，金來比助，扶持最妙，比而無火，失類非良.

봄의 金은 한기가 남아 사라지지 않으니 貴는 火氣로 영화롭게 되고, 체성은 유약하니 두터운 土로 조력해야 한다. 水가 성하면 한기를 더하므로 칼날의 예리한 기세를 떨치기 어렵다. 木이 왕하여 힘이 손상되면 이지러질 수 있으니 비겁인 金이 도우면 장점을 유지할 수 있지만 비겁만 있고 火가 없으면 좋지 못하다.

夏月之金，尤為柔弱，形質未具，尤嫌死絕，火多而卻為不厭，水盛而滋潤呈祥，見木而助鬼傷身，遇金而扶持精壯，土薄而最為有用，土厚而埋沒無光.

여름의 金은 더욱 유약하고 형질을 갖추지 못하여 死絕됨을 더욱 싫어한다. 火가 많음을 오히려 싫어하지 않고 수성하여 자윤하면 상서로움이 드러난다. 木을 보면 鬼를 도와 몸이 상한다. 金을 만나면 도움을 받아 지탱하므로 맑고 건장해진다. 土가 얇으면 최고로 유용하나 두터우면 매몰되어 빛을 잃는다.

秋月之金，當權得令，火來煅煉，遂成鐘鼎之材，土多培養，反惹頑濁之氣，見水則精神越秀，逢木則琢削施威, 金助愈剛, 剛過則決, 氣重愈旺, 旺極則衰.

가을의 金은 당권 득령하는 때이니 火가 와서 하련하면 마침내 鐘鼎의 재목이 될 수 있다. 土가 많아 배양하면 오히려 완고하고 탁한 기운을 일으킨다. 水를 보면 정신이 뛰어나고 木을 만나면 깎고 다듬어 金의 위엄이 나고 金의 도움이 있으면 더욱 강해지고 강함이 지나치면 끊어진다. 氣가 중하면 더욱 왕 해지나 왕이 극에 달하면 쇠해진다.

冬月之金, 形寒性冷, 木多則難施琢削之功, 水盛而未免沉潛之患, 土能制水, 金體不寒, 火來助土, 子母成功, 喜比肩聚氣相扶, 欲官印溫養為利.

겨울의 金은 형상은 차갑고 체성은 冷하니 木이 많으면 탁삭하기 어렵고 水가 왕성하면 물에 가라앉아 우환을 면하기 어렵다. 土가 水를 제하니 金의 체가 차갑지 않으며 火가와서 土를 도우면 子母가 공을 이룬다. 비견이 氣를 모아 상부하면 기뻐하고 官星과 印星으로 따뜻하게 배양해 주는 것이 좋다.

論水

天傾西北, 亥為出水之方, 地陷東南, 辰為納水之府, 逆流到申而作聲, 故水不西流, 水性潤下, 順則有容, 順行十二神, 順也, 主有度量, 有吉神扶助, 乃貴格, 逆則有聲, 逆行十二神, 逆也, 入格者, 主清貴, 有聲譽, 忌刑沖, 則橫流, 愛自死自絕, 則吉.

하늘이 西北으로 기울어져 亥가 물이 나오는 방향이고 땅은 東南이 가라앉았으니 辰이 물을 받아들이는 곳이니 물이 역류하여 申에 이르면 소리를 내므로 水는 西로 흐르지 않는다. 水의 성정은 아래로 적셔 순리대로 가면 관용이 있고 십이 지지를 순행하면 순이라 하며 도량이 있으니 길신이 도와주면 귀격이다. 역으로 가면 소리가 나니 십이 지지를 역행하면 역이라 한다. 격이 되면 청귀하고 명성과 명예가 있다. 형충을 꺼려 옆으로 흐르게 되고 自死(癸卯)와 自絕(癸巳)을 좋아하며 길하다.

水不絕源, 仗金生而流遠, 水流泛濫, 賴土剋以堤防, 水火均, 則合既濟之美, 水土混, 則有濁源之凶, 四時皆忌火多, 則水受渴, 忌見土重, 則水不流, 忌見金死,金死則水困, 忌見木旺, 木旺則水死, 沈芝云, 水命動搖, 多主濁濫, 女人尤忌之, 口訣云, 陽水身弱, 窮, 陰水身弱, 主貴.

水의 원천이 끊어지지 않으면 金의 생에 의지하여 멀리 흐른다. 水가 범람하면 극제할 수 있는 土의 제방으로써 막아야 한다. 水火가 균등하면 기재의 미와 합치한다. 水土가 혼잡하면 근원이 탁해지는 흉이 있다. 사계절 모두 火가 많음을 꺼림은 水가 고갈되기 때문이다. 土가 중함을 꺼림은 水가 흐르지 못하기 때문이다. 金이 사하는 것을 꺼리는 것은 金이 사하면 水가 부족해지기 때문이다. 木이 왕하는 것을 꺼리는 것은 木이 왕하면 水가 사한다. 심지에 이르길 "水의 명국이 동요하면 탁함이 많아 여명의 경우 특히 기피한다"고 했다. 구결에 이르길 "陽水가 身弱하면 窮하고 陰水가 身弱하면 貴하다"라고 했다.

生於春月, 性濫滔淫, 再逢水助, 必有崩堤之勢, 若加土盛, 則無泛漲之憂, 喜金生扶, 不宜金盛, 欲火既濟, 不要火多, 見木而可施功, 無土仍愁散漫.

봄의 水는 세차게 넘쳐흐르는 음한 성정이 있는데 다시 水가 도우면 필시 제방을 붕괴하려는 세력을 지니고 있다. 만약 土가 왕성하면 범람의 근심은 없다. 金의 생부를 기뻐하나 金이 왕성한 것은 마땅하지 않고 火로 기제됨을 바라지만 火가 많은 것은 바라지 않는다. 木을 보면 가히 공덕을 베푸나 土가 없으면 흩어지고 넘쳐흘러 근심이 있다.

夏月之水, 執性歸源, 時當涸際, 欲得比肩, 喜金生而助體, 忌火旺而福乾, 木盛則盜其氣, 土旺則制其流.

여름의 水가 근원으로 돌아가려는 하는 것은 시기적으로 물이 마르기 때문이니 比肩을 얻고자 하고 金이 생하여 체를 돕는 것을 기뻐한다. 火가 왕하여 마르고 건조함을 꺼린다. 木이 성하면 水氣를 설한다. 土가 왕하면 水의 흐름을 제지한다.

秋月之水, 母旺子相, 表裏晶瑩, 得金助則清澄, 逢土旺而混濁, 火多而財盛, 木重而子榮, 重重見水, 增其泛濫之憂, 疊疊逢土, 始得清平之意.

가을의 水는 母旺子相하여 겉과 속이 맑고 투명하니 金의 助力이 있으면 맑고 선명해진다. 土가 旺하면 혼탁해 진다. 火가 많으면 財가 盛하고, 木이 重하면 자식에게 영화가 있고, 水가 重重하면 범람의 근심이 증가한다. 土를 겹겹이 만나면 淸平(고요하고 평화로운 마음)의 뜻을 가진다.

冬月之水, 司令當權, 遇火, 則增暖除寒, 見土, 則形藏歸化, 金多, 反曰無義, 木盛, 是謂有情, 土太過, 勢成涸轍, 水泛濫, 喜土堤防.

겨울 水는 水가 사령하여 당권하니 火를 만나면 따뜻해지고 한기가 제거되며 土를 보면 형태를 감추고 化하게 된다. 金이 많으면 오히려 의가 없고 木이 성하면 유정하다고 말한다. 土가 지나치게 많으면 철저하게 물이 마른다. 水가 범람하면 土의 제방을 기뻐한다.

chapter 3. 子平眞詮

論十干十二支

天地之間, 一氣而已.

천지간에 하나의 기가 있을 따름이다.

惟有動靜, 遂分陰陽. 有老少, 遂分四象.

다만 동정이 있으니 마침내 음양으로 나뉘었고, 노소가 있으니 이에 사상으로 나뉘었다.

老者極動靜之時, 是爲太陽太陰； 少者初動初靜之際, 是爲少陰少陽.

老란 動靜이 극에 이른 시기이니 이것은 태양과 태음이고, 少란 動靜의 첫 시기니 이것은 소음과 소양이다.

有是四象, 而五行具於其中矣.

이에 사상이 있고, 그 중에 오행이 갖추어졌다.

水者, 太陰也；火者, 太陽也；木者, 少陽也；金者, 少陰也； 土者, 陰陽老少, 木火金水沖氣所結也.

水는 태음이고, 火는 태양이며, 木은 소양이고, 金은 소음인데 土는 음양노소인 木火金水의 沖和之氣가 응

결된 곳이다.

樂吾·註> 陰陽之說, 最爲科學家所斥, 然天地間日月寒暑, 晝夜男女, 何一而非陰陽乎? 即細微如電子, 亦有陰陽之分. 由陰陽而析爲四象, 木火金水, 所以代表春夏秋冬四時之氣也. 大地之中, 藏水, 以及金屬之礦, 孰造成之? 萬卉萌生, 孰使令之? 科學萬能, 可以化析原質, 造成種子, 而不能使其萌芽, 此萌芽之活動力, 即木也. 故金木水火, 乃天地自然之質. 萬物成於土而歸土, 載此金木水火之質者, 土也. 人秉天地之氣而生, 暖氣, 火也 ; 流質, 水也 ; 鐵質, 金也 ; 血氣之流行, 木也. 而人身骨肉之質, 運用此金木水火者, 土也. 人生秉氣受形, 有不期然而然者, 自不能不隨此自然之氣以轉移也.

有是五行, 何以又有十干十二支乎?
이에 오행이 있는데, 어째서 또 십간십이지가 있는가?

蓋有陰陽, 因生五行, 而五行之中, 各有陰陽.
即以木論, 甲乙者, 木之陰陽也.
甲者, 乙之氣 ; 乙者, 甲之質.
在天爲生氣, 而流行於萬物者, 甲也 ; 在地爲萬物，而承茲生氣者，乙也.

모두 음양이 있음으로 인해 오행이 생겼는데, 오행중에 각각 음양이 있어서다. 곧 木으로써 논하자면 甲乙은 木의 음양인데, 甲은 乙의 氣요, 乙은 甲의 質이다. 하늘에 생기가 있어 만물에 유행하는 것이 甲이고, 땅에 만물이 있어 이곳에 생기를 받아들인 것이 乙이다.

又細分之，生氣之散佈者，甲之甲，而生氣之凝成者，甲之乙； 萬物之所以有枝葉者，乙之甲，而萬木之枝枝葉葉者，乙之乙也.

方其爲甲，而乙之氣已備 ； 及其爲乙，而甲之質乃堅. 有是甲乙，而木之陰陽具矣.

재차 세분하면, 생기가 흩어져 펼쳐진 것이 甲의 甲이고, 생기가 엉기어 이루어진 것이 甲의 乙이다. 만물에 지엽이 있으니 乙의 甲이요, 만목의 지지엽엽이 乙의 乙이다. 甲에는 乙의 氣를 이미 구비한 것이고, 필경 乙에는 甲의 質이 있어 이에 견고한 것이다. 이 같이 甲乙이 있으니, 木의 음양이 갖추어졌다.

樂吾·註> 五行各分陰陽而有干支。天干者，五行在天流行之氣也； 地支者，四時流行之序也.

何以複有寅卯者，又與甲乙分陰陽天地而言之者也.

以甲乙而分陰陽, 則甲爲陽, 乙爲陰, 木之行於天而爲陰陽者也.

以寅卯而陰陽, 則寅爲陽, 卯爲陰, 木之存乎地而爲陰陽者也.

以甲乙寅卯而統分陰陽, 則甲乙爲陽寅卯爲陰, 木之在天成象而在地成形者也.

甲乙行乎天, 而寅卯受之 ; 寅卯存乎也, 而甲乙施焉.

是故甲乙如官長, 寅卯如該管地方.

甲祿於寅, 乙祿於卯, 如府官之在郡, 縣官之在邑, 而各司一月之令也.

어째서 다시 寅卯가 있는가. 다시 甲乙과 더불어 음양천지로 나누어 말한 것이다. 甲乙로 음양을 나누면 甲이 양이고 乙이 음으로 하늘에 유행하는 木의 음양이다. 寅卯로 음양을 나누면 寅이 양이고 卯가 음으로 땅에 존재하는 木의 음양이다. 甲乙寅卯를 음양으로 통합하여 나누면 甲乙이 양이고 寅卯가 음인데, 木이 하늘에서 象을 이루고 땅에서 形을 이룬 것이다. 甲乙이 하늘에서 유행하면 寅卯가 거두고, 寅卯가 땅에 있으면 甲乙이 행한다. 까닭에 甲乙은 장관과 같고, 寅卯는 관할하는 지방과 같다. 甲의 祿은 寅에 있고, 乙의 祿은

卯에 있으니 마치 부관이 군에 있거나 현관이 읍에 있는 것과 같은데 각각 일월을 司令한다.

樂吾·註> 甲乙皆木, 同爲在天之氣. 甲爲陽和初轉, 其勢方張 ; 乙爲和煦生氣, 見於卉木之萌芽. 雖同爲木, 而其性質有不同. 甲乙爲流行之氣, 故云行乎天 ; 寅卯爲時令之序, 故云存乎地. 流行之氣隨時令而轉移, 故甲乙同以寅卯爲根, 而亥未辰皆其根也(見下陰陽生死節). 天干通根月令, 當旺之氣, 及時得用, 最爲顯赫, 否則, 雖得爲用, 而力不足, 譬如府縣之官, 不得時得地, 則不能發號施令, 不得展其才也.

甲乙은 모두 木이고 모두 하늘에 있는 기다. 甲은 양화의 기가 처음으로 옮겨가서 그 세가 장차 커나가는 것이고, 乙은 아늑하고 따뜻한 생기가 초목의 맹아로 나타난 것이다. 비록 같은 木이라도 성질에는 다른 점이 있다. 甲乙은 유행지기로 하늘에서 유행한다고 했고 寅卯는 시령지서로 땅에서 존재한다고 한다. 유행지기는 시령을 따라서 전이하는 바, 甲乙은 똑같이 寅卯가 뿌리이고 亥未辰도 다 뿌리가 된다. 천간이 월령의 당왕지기에 통근하였으면 시에 미쳐 득용하는 바, 가장 현혁한데 그렇지 않으면 용을 얻었다 할지라도 힘이 부족하다.

비유컨대 부현의 관리가 득시, 득지하지 않았다면 호령을 할 수 없고 그 재능을 펼치지 못하는 것과 같다.

十干即是五行, 而分陰陽, 然論其用, 則陽干陰干各有不同. 《滴天髓》云:"五陽從氣不從勢, 五陰從勢無情義". 蓋陽干如君子, 陽剛之性, 只要四柱略有根, 或印有根, 則弱歸其弱, 而不能從 ; 五陰則不然, 四柱財官偏盛, 則從財官, 即使日元稍有根苗, 或通月令之氣, 亦所不論. 然或印綬有根, 則又不嫌身弱, 不畏剋制. 此陰乾陽性質之不同也.

십간을 곧 오행과 음양으로 나눈다고 해도 쓰임새를 논하자면 양간과 음간에는 각기 다른 점이 있다. 적천수에 이르길, "오양종기부종세, 오음종세무정의"라 했다.

대개 양간은 군자와 같아 양강지성이 있으니 다만 사주에 대략 유근하거나 혹 인수가 유근하면 그 약함에 의탁하고 종하지 않는다. 오음은 그렇지 않아 재관이 한쪽으로 치우쳐 성하면 종재관하는데 설사 일원에 조금의 근묘가 있거나, 혹은 월령지기에 통했다 해도 역시 논할 바 아니다. 혹 인수가 유근하면 신약을 꺼리지 않고, 극제를 두려워하지 않는다. 이상이 음양 간에 있어 성질의 다른 점이다.

如伍廷芳造，壬寅、丁未、己卯、乙亥，己土雖通根月令，而見木之勢盛，即從木，所謂從勢無情義也（見下用神節）.

가령 오정방의 명조를 보면

乙 己 丁 壬
亥 卯 未 寅

인데 日干 己土가 비록 월령에 통근했으나 木의 세력이 왕성하다. 따라서 木의 오행을 좇으니 從木으로 소위 從勢無情義라 하는 것이다.

又如閻錫山造，癸未、辛酉、乙酉、丁亥，乙木只要有印通根，不怕身弱，煞透有制，即爲貴格.

또 염석산의 명조는

丁 乙 辛 癸
亥 酉 酉 未

음간인 乙이 印綬 癸水를 얻었는데 인성이 亥에 통근하였으니 신약함을 꺼리지 않는다. 칠살 辛金이 천간에 투출하였으나 丁火가 제압하니 귀격이다.

又如許世英造，癸酉、辛酉、乙丑、辛巳，十九誤作從煞，不知印綬有根，即不嫌身弱，仍喜制煞之運．此又陰乾之特點也（見下格局高低篇）．

또 허세영의 명조를 보면

辛 乙 辛 癸
巳 丑 酉 酉

인데 십중팔구가 종살로 잘못 볼 것이다. 인수가 통근한 것을 모르고 하는 소리다. 인수가 통근하면 신약을 꺼리지 않으며 더해서 칠살을 제복하는 운이 오면 좋다. 이것이 또한 음간의 특징이다.

陽干則不然，如虞和德造，丁卯，丙午，庚午，己卯，庚金雖弱，透印有根，即不能從，身弱自爲其弱，運行扶身之地，自然富貴，特勞苦耳．此不同之點也．

양간은 그렇지 않은데 가령 여화덕의 명조를 보면

己 庚 丙 丁
卯 午 午 卯

일주 庚金이 비록 약하지만 인수 己土가 투하고 뿌리를 내렸다. 즉 不從으로 신약할 따름이니 부신하는 대운으로 향하자 특별히 고생은 많았지만 자연 부귀하였다.

이것이 다른 점이다.

然陽干亦非絕對不能從者, 如遜清宣統造, 丙午、庚寅、壬午、壬寅, 印比皆無根, 則不得不從.

그런데 양간이라고 해서 무조건 왕한 세력을 종하지 않는 것은 아니다. 이를테면 청대 선통제의 명조에서

壬 壬 庚 丙
寅 午 寅 午

인데 인비가 모두 무근하여 부득불 從한다.

此所謂從氣不從勢也, 其理甚深, 非可猝喻, 學者多閱八字, 經驗積久, 自能會悟, 非文字所能達也(按本章論干支性質, 雖爲初步, 實爲最深 ; 命理精微之點, 即爲干支陰陽性質之別, 學者不妨置之後圖, 俟研習入門之後, 自知其重要也).

이것이 이른바 從氣不從勢로 그 이치가 매우 깊으니 함부로 속단해선 안 된다. 학자는 많은 사주를 보고 경험을 쌓아야 할 것이다. 그리하여 스스로 깨우쳐야지 글을 읽고 깨닫기는 힘들다. (간지의 성질을 논하는 본장은 기초이론이지만 그 이치가 가장 심오하여 명리의 진수가 담겨져 있는 곳이다. 간지의 음양과 그 성질에 대

하여 배우는 자는 모름지기 성심을 다하기 바란다. 나중에 스스로 본장의 중요성을 실감하게 될 것이다)

天干動而不居者, 如甲己之年, 以丙寅爲正月; 乙庚之歲, 以寅爲正月也。地支止而不遷者, 正月必爲寅, 二月必爲卯也。論氣甲旺於乙, 論質乙堅於甲者, 甲木陽剛之性, 乙木柔和之質, 其中分別, 詳下附錄《滴天髓》論天干宜忌節。大林微苗之喩, 本爲納音取譬之詞, 俗書傳訛, 而無知之人妄執之耳。學命者先明干支陰陽之理, 察其旺衰進退之方, 庶不致爲流俗所誤也.

천간이 동하여 옮긴다는 것은, 예컨대 甲己年은 정월이 丙寅月이고, 乙庚年은 정월이 戊寅月인 것처럼 일정하지 않음이다. 지지가 고정되어 움직이지 않는다는 것은, 예컨대 정월은 반드시 월건이 寅이 되고, 이월은 반드시 월건이 卯가 되는 것처럼 고정불변한 것을 가리킨다. 氣를 가지고 보면 甲이 乙보다 왕성하고, 質을 가지고 보면 乙이 甲보다 견고하다는 말은, 甲木이 양간한 성질을 지니고 있고 乙木은 유화한 성질을 지니고 있음을 분별한 것이다. 이것을 상세히 설명하기 위해서 다음에 부록으로 '적천수'의 '논천간의기절' 구절을 실어

둔다. 대림이니 미묘니 하는 비유는 본래 납음에서 취한 것인데, 속된 책에서 와전되어 무식한 자들이 함부로 고집을 부리게 된 것이다. 명리를 배우는 자는 먼저 천간과 지지의 음양 이치에 선명하고, 왕쇠와 진퇴의 향방을 고찰해야 속된 오류에 빠져들지 않게 될 것이다.

- 자평진전리뷰 I 中 -

✈ 리뷰, LeeSoo's Review

심효첨은 십간십이지의 의미를 간단하게 설명한다. 간지(干支)는 곧 오행을 음양과 기질(氣質)로 나누기 위함이다. 기질과 관련해서는 甲은 乙의 氣요, 乙은 甲의 質로 원시는 설명하고 있다. 이보다 핵심은 일단 음양의 구분에 있다.

그렇다면 木의 음양이나 기질의 구분은 천간의 甲乙로 족할 텐데, 왜 寅과 卯의 지지가 필요할까. 木의 오행은 하늘에서는 상(象)을 이루고 땅에서는 형(形)을 이루기 때문이다.

요약하자면 오행을 음양(陰陽)과 형상(形象)으로 구분하는 역할을 십간십이지가 수행하는 것이다.

원시의 하이라이트는 관리의 부임으로 간지의 결합을

설명하는 대목이다. 한마디로 甲乙이라는 관리는 寅卯의 록(祿)보아야만 부임지를 얻어 관리의 역할을 하게 되는 것이므로, 실질적인 역할이 가하다는 의미다.

祿이란 곧 '자아의 실현'을 의미한다. 이를테면 甲의 관리가 寅을 보지 못하면 부임지를 얻지 못한 것이므로 관리의 역할을 수행할 수 없다는 것이다.

★ 이것이 바로 팔자술 실전의 '베이식'이 되는 "유형(텐저블 : tangible)과 무형(인텐저블:intangible)"의 개념이다. 바로 동일한 오행의 천간(intangible)과 지지(tangible)가 결합되어야만 비로소 가시적인 성취나 물상(物象)의 유입을 실감하는 것이 요체다. 가령 甲木 관성(官星) 하나의 글자만 가지고는 관리로 출사함을 논하기가 어렵지만, 寅의 祿과 결합되면 공직에 임용되는 실상을 확인하게 된다.

심효첨은 분명히 원시에서 甲과 乙, 그리고 寅과 卯만을 거론하며 '간지론'의 서두를 열고 있다. 그런데 서락오는 寅卯에다 亥, 未, 辰까지 보태어 모두 甲乙木의 뿌리가 된다는 통근개념까지 확장하여 보충 설명하고 있다. 즉 천간이 월령에 뿌리를 내려 통근(당령:當令)하면 용(用)을 얻어 공과가 혁혁해진다는 것이다. 반대로 당령하지 못하면 관리가 부임지를 얻지 못한 상황으로 묘사하며 관계되는 몇 가지 명식을 사례로 하여 의견을 개진한다.

심효첨은 이 대목에서 象과 形의 개념을 다루고 있는데, 이것은 엄밀히 통근의 개념과는 의미가 다른 것이다. 그런데 서락오는 통근의 개념으로 수렴하여 이를 설명하고 있다. 심효청은 세력의 강약(强弱)을 다루는 '간지론'의 후편에 이르러 '통근'을 논하고 있다.

그렇다면 왜 서락오는 이 대목에서 통근의 개념까지 전진해서 해설하였을까. 서락오는 원시에서 形이라는 글자를 '세력(strength)'의 의미로 받아들였기 때문이다. 그러므로 甲과 寅의 관계를 득시(得時), 득지(得地)로 이해하였다. 까닭에 甲이 亥에 뿌리를 내려 세력을 얻는 것과 동일시한 관점을 피력한 것이다.

그러나 심효첨이 서술한 形은 '형상(形狀:shape)'의 의미에 가까운 것이다. 따라서 이것은 무형과 유형을 가르는 잣대로 설명하면 한층 이해하기 용이해진다. 즉 현상에서 실감나는 상황과 인지하지 못하는 상황으로 가르는 개념이라 할 수 있다. 甲과 寅은 "木의 intangible과 木의 tangible의 결합"이므로 木의 物로 실현되는 것이다. 한편 甲과 亥는 "木의 intangible과 水의 tangible의 결합"이므로 木의 物로 구체화되지 않는다.

바로 이 점을 서락오는 간과하였고, 후학들은 이를 그대로 답습하였다. 이렇게 되면 실전에서 적중률은 비참한 결과로 나타난다. 寅과 亥는 甲의 통근이라는 면에서는 동질성이 있지만 甲木의 자아실현 면에서는 전혀 다른 결과로 나타난다. 寅은 甲을 완성시키지만, 亥는 완성시키지 못한다.

위와 같은 이론은 물상론(物象論)의 법수를 여는 초석이 된다. '자평진전'은 甲과 寅을 象과 形으로 구분했지만, 물상론은 甲을 象, 寅을 物로 구분한다. 즉 象은 物과 결합되어야만 진정한 현실 상황으로 귀결된다는 점을 암시하는 것이다.

따라서 이 대목의 서락오 평주는 간지론의 다른 장, '통근' 편에서 설명될 내용이었다. 그리고 서락오는 심효첨의 비유법을 오해한 것이다. 심효첨이 비유한 '관리의 부임'은 단순히 "재능의 실현" 여부 문제 차원이 아니라 실제 "관리로 등용되느냐, 높은 관직에 오르느냐"의 문제였던 것이다. 서락오는 첫 단추부터 잘못 꿰고 있었던 것이다.

✈ 요점, Give a gist!

독자들은 이제 '간지론'의 첫 대목부터 서락오의 평주를 그대로 수용하면 매우 중대한 진의를 간과하게 됨을 인지하였을 것이다. 가령 본문에서 다루지는 않지만, '간지론'을 '물상론'의 실전 상황으로 전개시킬 경우 아래의 상황을 분명하게 정리해 둘 필요가 있다.

가령 庚일간의 명식에서 甲, 재운(財運)이 도래한다고 치자. 일단 이것은 재(財)의 상(象)이 맺힌 상황이므로 사주체는 일단 재탐(財貪:재물을 구하려는 욕구)이 강하게 일 것이다. 그러나 실제 수중으로 재물이 들어오는지의 여부는 甲의 글자 하나만 가지고는 충분치 않다.

이것은 또한 재성의 부억(扶抑)법 상, 희기(喜忌)와도 차원이 다른 문제다. 대개의 명리가들은 아직 득실(得失)과 희기(喜忌)의 문제를 분별하지 못한다. 일단은 수중에 재물이 들어오는가의 여부만 판별하는 데 집중해서 학습하기로 하고, 희기 문제는 후술하기로 한다.

甲의 재물이 확실하게 수중에 들어오려면 명식 원국에 祿이 되는 寅의 글자가 있느냐가 관건이 된다. 祿의 글자가 건전한 이상, 甲木의 象이 寅木의 形과 결합되면 분명한 재(財)의 유입을 실감하게 된다. 그러나 甲木

이 뿌리는 내릴 수 있는 글자인 亥, 未, 辰 등반 있다면 분명한 재(財)의 유입을 장담할 수 없다는 것이다. 이것은 각 오행의 글자가 물상(物象)으로 결합되지 않는 한, 현실 상황으로 보증되지 않음을 뜻한다.

論陰陽生剋

四時之運, 相生而成, 故木生火, 火生土, 土生金, 金生水, 水複生木, 即相生之序, 迴圈疊運, 而時行不匱.

사시의 운행은 상생으로 이루어지는 연유로 木이 火를 낳고 火가 土를 낳으며 土가 金을 낳고 金이 水를 낳은 다음에 水가 다시 木을 낳는다. 상생의 질서는 아무리 거듭 순환해도 능히 사시를 행하며 다함이 없다.

然而有生又必有剋, 生而不剋, 則四時亦不成矣.

그러나 생이 있으면 필시 극이 있으니, 생만 있고 극이 없다면 사시 또한 이루어지지 않는다.

剋者，所以節而止之，使之收斂，以爲發泄之機，故曰“天地節而四時成”.

극이란 절도로 그치게 함이니 수렴해서 발설하는 계기가 되므로 옛말에 이르길, “천지는 절도로 사시를 이룬다”고 했다.

即以木論，木盛于夏，殺於秋，殺者，使發泄于外者藏收內，是殺正所以爲生，大易以收劍爲性情之實，以兌爲萬物所說，至哉言乎！

譬如人之養生，固以飮食爲生，然使時時飮食，而不使稍饑以待將來，人壽其能久乎？

是以四時之運，生與剋同用，剋與生同功。

이제 木으로 논하자면 木은 여름에 성하고, 가을에 죽으니 殺이란 밖으로 발설하는 것을 안으로 수장하는 것으로 바로 이 殺에 生이 있다. 대역에 수렴하여 성정이 실하다 하여 兌에서 만물이 기뻐하니 맞는 말이다.

사람의 양생에 비유하면 틀림없이 음식이 삶을 영위하게 하지만, 조금씩 주리지 않고 장래를 대비한다면 사람의 수명이 오래 갈 수 있겠는가?

이에 사시의 운행에 있어서는 생극의 용과 공이 같다.

樂吾·註>“生與剋同用，剋與生同功”二語，　實爲至言. 有春夏之陽和, 而無秋冬之肅殺, 則四時江成 ; 有印動之生扶, 而無煞食之剋泄, 則命理不成. 故生扶與剋泄, 在命理之用, 並無二致, 歸於中和而已.

"生與剋同用, 剋與生同功"의 두 말은 실로 지극한 말이다. 춘하의 양화한 기운만 있고 추동의 숙살하는 기운이 없다면 사시가 이루어지지 않을 것이다. 마찬가지로 사주에서 인수와 비겁의 생조만 있고 관살과 식상의 극설이 없다면 명리가 성립되지 않는다. 그러므로 생부와 더불어 극설은 모두 명리의 용이며 두 가지로 나누어 이룰 수 없으니 중화로 귀속될 뿐이다.

然以五行而統論之, 則水木相生. 金木相剋. 以五行之陰陽而分配之, 則生剋之中, 又有異同. 此所以水同生木, 而印有偏正 ; 金同剋木, 而局有官煞也.

印綬之中, 偏正相似, 生剋之殊, 可置勿論 ; 而相剋之內, 一官一煞, 淑慝判然, 其理不可不細詳也.

그런데 오행으로 모두 논하자면, 水木은 상생이고 金木은 상극이다. 오행을 음양으로 구분해 보면 생하고 극하는 과정이 다르고 같은 점이 있다. 이에 水가 같이 木을 생해도 인수에는 편정이 있고, 金이 같이 木을 극해도 국에는 관살이 있다.

인수에는 편정이 서로 유사하니 생극의 다름을 따로 말하지 않고 지나쳐도 무방하나, 상극에 있어서는 淑慝이 명백하게 판단되므로 그 이치를 상세히 보지 않으면 안 된다.

樂吾·註> 陰陽配合, 與磁電之性相似. 陽遇陽, 陰遇陰則相拒, 七煞梟印是也 ; 陽遇陰, 陰遇陽則相吸, 財官印是也. 印爲生我, 財爲我剋, 或偏或正, 氣勢雖有純雜之殊, 用法尚無大異. 官煞, 剋我者也, 淑慝回殊, 不可不辨. 比劫, 同氣也, 食傷, 我生者也, 則又以同性爲純, 異性爲雜. 純雜之分關於用之強弱, 此爲研究命理者所不可不知也.

음양의 배합은 자석이나 전기의 성질과 비슷한 점이 있다. 양이 양을 만나고 음이 음을 만나면 서로 밀어내게 되니 칠살과 편인이 그런 성질을 지닌다. 양이 음을 만나고 음이 양을 만나면 서로 끌어당기니, 이는 재성과 관성과 인성의 경우에 그러하다. 인성은 나를 생하는 것이고, 재성은 내가 극하는 것인데, 편인과 편재, 정인과 정재로 나뉘게 된다. 재성과 인성은 기세에 있어서는 비록 순하고 잡스러운 차이는 있지만 용법은 대동소이하다. 관살은 나를 극하는 것으로 선악이 판이하게 다르므로 잘 분별하여야 한다. 비겁은 나와 같은 동기고, 식상은 내가 생하는 것인데, 나와 음양이 같으면 순으로, 나와 음양이 다르면 잡으로 본다. 그러나 순잡의 구별은 용신의 강약과 관계된 것으로 육신의 명칭만을 가지고 논해서는 불가함을 알아야 한다.

附論五行生剋制化宜忌（錄徐大升）

反生*

金賴土生，土多金埋；

土賴火生，火多土焦；

火賴木生，木多火熾；

木賴水生，水多木漂；

水賴金生，金多水濁。

反剋*

金能生水，水多金沈；

水能生木，木多水縮；

木能生火，火多木焚；

火能生土，土多火晦；

土能生金，金多土弱.

逆剋*

金能剋木，木堅金缺；

木能剋土，土重木折；

土能剋水，水多土流；

水能剋火，火炎水灼；

火能剋金，金多火熄。

破剋*

金衰遇火，必見銷熔；

火弱逢水，必爲熄滅；

水弱逢土，必爲淤塞；

土衰逢木，必遭傾陷；

木弱逢金，必爲斫折。

濟化*

強金得水，方挫其鋒；

強水得木，方緩其勢；

強木得火，方泄其英；

強火得土，方斂其焰；

強土得金，方化其頑。

節制*

金旺得火，方成器皿；

火旺得水，方成相濟；

水旺得土，方成池沼；

土旺得木，方能疏通；

木旺得金，方成棟梁。

論陰陽生死

干動而不息，支靜而有常。

以每干流行於十二支之月，而生旺墓絕系焉。

천간은 쉼 없이 움직이고, 지지는 고요하며 유상하다. 각 천간은 십이지의 월을 유행하면서 생왕묘절등으로 구분된다.

陽主聚，以進爲進，故主順；陰主散，以退爲退，故主逆。

此生沐浴等項，所以有陽順陰逆之殊也。

四時之運，功成者去，等用者進，故每流行於十二支之月，而生旺墓絕，又有一定。

陽之所生，即陰之所死，彼此互換，自然之運也。

即以甲乙論，甲爲木之陽，木之枝枝葉葉，受天生氣，己收藏飽足，可以爲來剋發泄之機，此其所以生於亥也。

木當午月，正枝葉繁盛之候，而甲何以死？

卻不是外雖繁盛，而內之生氣發泄已盡，此其所以死於午也。

乙木反是，午月枝葉繁盛，即爲之生，亥月枝葉剝落，即爲之死。

以質而論，自與氣殊也。以甲乙爲例，余可知矣。

양은 뭉쳐 앞으로 나가는 속성으로 인해 순행하고, 음은 흩어져 물러나는 속성이 있으므로 역행한다. 이를 설명한 것이 장생, 목욕 등의 내용인바, 양은 순행하고 음은 역행하는 특수성이 있다. 사계절을 운행하면서 공을 이룬 자는 물러가고, 앞으로 쓰일 자는 나오게 된다. 까닭에 각 천간은 12지지의 월을 유행하면서 생왕묘절의 단계를 밟아간다. 양이 생하는 곳에서 음이 사하고 음양이 서로 교환되는 것은 자연의 이치다. 甲과 乙을 가지고 논하면, 甲은 木의 양이므로 하늘의 生氣가 되는데

萬木에서 그 기가 흐른다. 그러므로 亥에서 生하고 午에서 死한다. 乙은 木의 음이므로 木의 지엽이 되는데 하늘의 생기를 받아들인 것이다. 그러므로 午에서 生하고 亥에서 死한다. 무릇 나무는 亥月이 되면 잎이 지지만 생기는 속에 저장되어 있다가 봄이 오면 다시 피어날 준비를 한다. 그런 까닭에 생기는 亥에서 生한다고 한다. 나무는 午月이 되면 잎이 무성하게 되는데 어째서 甲이 死한다고 하는가. 겉으론 비록 잎이 무성하지만 속의 생기는 이미 밖으로 다 발설되어 이미 다했기 때문이다. 그래서 午에서 死하는 것이다. 乙木은 반대로 午月이 되면 잎이 무성하니, 곧 生하는 것이다. 乙木은 亥月에는 잎이 지니, 곧 死하는 것이다. 이것은 질과 기의 다른 점을 논한 것이다. 甲乙을 예로 들었는데 다른 천간도 이렇게 알 수 있다.

樂吾·註> 生旺墓絕者, 五行之生旺墓絕, 非十干之旺墓絕也。 十干之名稱, 爲代表五行之陰陽； 五行雖分陰陽, 實爲一物。 甲乙, 一木也, 非有二也。 寅申巳亥, 爲五行長生臨官之地； 子午卯酉, 爲五行旺地； 辰戌丑未, 爲五行墓地, 非陰乾另有長生祿旺墓也。 因長生臨官旺墓, 而有支藏人元, 觀下人元司令圖自明。 特以理言之, 凡物既有陰陽, 陽之極即陰之生，譬如磁電之針，甲端爲陽以用而論，生旺墓絕，僅分五行，不必分陰陽。 從來術數書中，僅言五陽長生，而不言五陰長生，僅言陽刃而不言陰刃，後世未察其理，而欲自圓其說，支離曲解，莫知所從。或言五陰無刃，或者以進一位爲刃，或者以退一位爲刃（如乙以寅或辰爲刃），各以意測，異說紛岐，實未明其理也。

생왕묘절이란 오행의 생왕묘절이지 천간의 생왕묘절이 아니다. 천간의 명칭은 오행의 음양을 대표하는 것으로, 오행이 비록 음과 양으로 나누어져 있지만 사실은 하나인 것이다. 甲과 乙은 하나의 木일 뿐, 결코 둘이 아니다. 寅申巳亥는 오행이 장생, 임관하는 지지이고, 子午卯酉는 오행이 왕한 지지이며, 辰戌丑未는 오행의 묘지가 된다. 음간이 양간과 별도로 장생, 녹, 왕, 묘가 따로 있는 것은 아니다. 왜냐하면 장생, 임관, 제왕, 묘는 지지 속의 인원에 의거하는 이론이기 때문이다. 다음의 인원사령도표를 보면 자명해질 것이다. 이치대로 말해서 모든 사물은 이미 음양을 지니고 있으며, 양이 극에 이르면 음이 생기게 된다. 자석에 비유해서 말하면 자침의 한쪽 끝이 양의 극일 때는 자침의 다른 끝은 반드시 음이 극에 이른 상태가 된다. 가장 기가 왕성한 곳은 바로 중심이 되니, 이곳이 곧 녹왕하는 곳이 된다. 그러나 쓰임새를 가지고 말한다면 생왕묘절은 오행으로 구분하면 충분하고 음양을 나눌 필요는 없다. 종래의 술서를 보면 오양의 장생을 말했을 뿐 오음의 장생은 말하지 않았다. 또한 양인에 대해서는 말했지만 음인에 대해서는 말한 바가 없다. 후세 사람들이 그 이치를 살피지 않고 그 설에 안주하거나 곡해하여, 따라야 하는 이치를 망각하여 오음은 인이 없다거나 녹의 다음 지지 또 앞의 지지가 인이라고 (예컨대 乙에게는 寅이나 辰이 刃이라고 함) 각자의 억측과 이설이 분분하였으니, 이러한 것은 모두 그 이치를 알지 못했기 때문이다.

支有十二月，故每干長生至胎養，亦分十二位。

氣之由盛而衰，衰而複盛，逐節細分，遂成十二。

而長生沐浴等名，則假借形容之詞也。

長生者，猶人之初生也。

沐浴者，猶人既生之後，而沐浴以去垢； 如果核既爲苗，則前之靑殼，洗而去之矣。

冠帶者，形氣漸長，猶人之年長而冠帶也。

臨官者，由長而壯，猶人之可以出仕也。

帝旺者，壯盛之極，猶人之可以輔帝而大有爲也。

衰者，盛極而衰，物之初變也。

病者，衰之甚也。

死者，氣之盡而無餘也。

墓者，造化收藏，猶人之埋於土者也。

絕者，前之氣已絕，後之氣將續也。

胎者，後之氣續而結聚成胎也。

養者，如人養母腹也。

自是而後，長生迴圈無端矣。

지지는 십이월인 바, 각각의 천간은 장생에서 시작하여 태와 양에 이르기까지 열두 가지의 지위를 가진다. 이는 기가 왕성해졌다가 쇠약해지고 쇠약해졌다가 다시금 왕성해지는 과정을 세분화한 것으로 열두 가지의 과정을 거친다고 본 것이다. 장생, 목욕 등의 명칭은 단지 그 과정을 형용하려고 만든 단어에 지나지 않는 것이다. 장생이란 사람에 비유하면 처음 태어나는 것과 같다. 목욕이란 사람이 태어난 후에 목욕시켜 때를 벗기는 것과 같고, 씨앗에서 새싹이 돋으면서 머리에 이고 나온 씨앗의 껍질이 벗겨지는 것과 같다. 관대란 기와 형체가 점점 자라나는 것으로 인간에 비유하면 나이가 차서 모자를 쓰고 띠를 두르는 것과 같다. 임관이란 장성하여 건장해진 상태이니 사람에 비유하면 벼슬길에 나가는 것과 같다. 제왕이란 장성함이 극에 이른 상태이니 사람에 비유한다면 임금을 보좌하여 큰 뜻을 펼치는 것과 같다. 쇠는 왕성함이 극에 이르면 쇠약해지는 것으로 사물의 초변이 된다. 병이란 쇠가 심해진 상태이며, 사는 기가 다 빠져나가 남아 있지 않은 상태를 가리킨다. 묘는 조화가 수장된 상태이니 사람에 비유하면 땅속에 매장된 것을 가리킨다. 절이란 이전의 기가 이미 완전히 끊어지고 후기가 이어지려는 상태를 가리킨다. 태는 후기가 이어져 결집되어서 태를 이루는 상태이다. 양이란 사람에 비유하면 모친의 태내에서 길러지는 것과 같다. 양에서 다시 장생이 시작되니, 이런 과정을 거쳐서 무한히 순환되는 것이다.

樂吾·註> 原文甚明，每年三百六十日，以五行分配之，各得七十二日。 木旺於春，占六十日（甲乙各半），長生九日，墓庫三日，合七十二日。 土旺四季，辰戌丑未各十八日，亦爲七十二日。 寅中甲木臨官，丙戊長生，故所藏人元，爲甲丙戊。 卯者，春木專旺之地，故稱帝旺。帝者，主宰也。 《易》言“帝也乎震”，言木主宰之方，無他氣分占，故專藏乙。辰者，木之余氣，水之墓地，而土之本氣也。故藏戊乙癸（辰戌爲陽土，故藏戊；丑未陰土，故藏己），稱爲雜氣。雜者，土旺之地，雜以乙癸，而乙癸又各不相謀，非如長生祿旺之爲時令之序也。春令如是，餘可類推。故寅申巳亥，稱爲四生（亦是四祿）之地；子午卯酉，爲專旺之方；辰戌丑未，爲四墓之地。所藏人元，各有意義。若陰乾長生，則無關時令之氣，地支藏用，不因之而有所增損也。

원문은 그 이치를 매우 상세하게 설명하고 있다. 매년의 삼백육십일을 오행으로 나누면 각각의 오행은 칠십이일을 점하게 된다. 木은 봄에 왕하며 육십일을 점하고(甲과 乙이 각기 절반) 있다. 장생이 구일, 묘고가 삼일이 있으니, 일 년 가운데 도합 칠십 이일을 木이 점하게 된다. 土는 사계에 왕하며 辰戌丑未月에 각각 십팔일을 점하니 도합 칠십 이일을 차지하게 된다. 寅月을 보면 寅의 지장간 甲木이 寅에서 임관이 되고, 丙과 戊는 寅에서 장생이 된다. 그러므로 寅의 지장간 인원은 甲, 丙, 戊의 세 개가 된다. 卯月은 봄철의 나무가 전적으로 왕한 지지이며 그러므로 제왕이라고 한다. 제란 주재한다는 뜻이며, 역에서 말하는 제출호진이라는 말은 木이 주재하는 방위를 뜻하는 바, 다른 기가 전혀 섞이지 않은 것을 뜻하기도 한다. 따라서 오로지 乙만 홀로 저장되어 있게 된다. 辰月은 木의 여기이자 水의 묘지가 되면서 土의 본기가 된다. 따라서 戊, 乙, 癸가 저장되어(辰戌은 양토이므로 戊가 저장되어 있고, 丑未는 陰土이므로 己이 저장) 있으므로 잡기라고도 한다. 잡이라고 하는 것은 土가 왕한 중에 乙과 癸가 섞여 있으면서 乙과 癸가 서로 상생하여 서로를 도모하지 않으므로 장생, 녹, 왕 등의 시령의 순서를 따르지 않는 점이 다른 오행과 다른 점이기 때문이다. 봄의 土인 辰月이 그러하니 다른 未, 戌, 丑도 그렇게 유추하기 바란다. 이렇게 寅申巳亥의 사생하는 지지가 있고, 子午卯酉의 전왕하는 지지가 있으며, 辰戌丑未의 사묘가 되는 지지가 있는 것이다. 그들 지지 속의 인원도 각각 나름대로의 의미가 있기 마련이다. 만약 음간이 장생한다면 시령의 기와는 상관없이 지장간을 쓰는 셈이 되니, 그로 인하여 증가하거나 감소되는 바가 없게 될 것이다.

巳	午	未	申
壬庚戊丙甲 絕生 祿 病	壬庚戊丙甲 胎敗 旺 死	壬庚戊丙甲 養冠 衰 墓	壬庚戊丙甲 生祿 病 絕
癸辛己丁乙 胎死 旺 敗	癸辛己丁乙 絕病 祿 生	癸辛己丁乙 墓衰 冠 養	癸辛己丁乙 死旺 敗 胎
辰			酉
壬庚戊丙甲 墓養 冠 衰			壬庚戊丙甲 敗旺 死 胎
癸辛己丁乙 養墓 衰 冠	陰陽順逆 生旺死絕之圖		癸辛己丁乙 病祿 生 絕
卯			戌
壬庚戊丙甲 死胎 敗 旺			壬庚戊丙甲 冠衰 墓 養
癸辛己丁乙 生絕 病 祿			癸辛己丁乙 衰冠 養 墓
寅	丑	子	亥
壬庚戊丙甲 病絕 生 祿	壬庚戊丙甲 衰墓 養 冠	壬庚戊丙甲 旺死 胎 敗	壬庚戊丙甲 祿病 絕 生
癸辛己丁乙 敗胎 死 旺	癸辛己丁乙 冠養 墓 衰	癸辛己丁乙 祿生 絕 病	癸辛己丁乙 旺敗 胎 死

*長生、沐浴、冠帶、臨官、旺、衰、病

*死、墓、絕、胎、養。祿臨官也，敗沐浴也。

土居中央，寄於四隅（參閱干支方位配卦圖）。附火而生，生於寅，祿於巳；附水而生，生於申，祿於亥。特在寅巳，有丙火幫扶，旺而可用；在申亥，寒濕虛浮，力量薄弱而無可用，故僅言丙戊生寅，而不言壬戊生申也。

土는 중앙에 기거하면서 사우에 기생하고 火에 붙어서 生하니, 寅에서 장생하고 巳에서 녹을 얻는다. 또한 水에 붙어서 생하므로 申에서도 장생하고 亥에서도 녹을 얻지만, 寅과 巳는 丙火가 있어서 土를 도우니 土 역시 왕하고 가히 쓸 수가 있지만 申과 亥는 한습하고 허공에 떠 있는 형상이므로 역량이 미약하여 쓸 수가 없다. 그러므로 丙과 戊는 寅에서 장생할 뿐이지 壬과 戊가 申에서 장생한다고 볼 수는 없다.

十二月令人元司令分野表

寅月	立春後戊土七日, 丙火七日, 甲木十六日	立春 雨水
卯月	驚蟄後甲木十日, 乙木二十日	驚蟄 春分
辰月	清明後乙木九日, 癸水三日, 戊土十八日	清明 穀雨
巳月	立夏後戊土五日, 庚金九日, 丙火十六日	立夏 小滿
午月	芒種後丙火十日, 己土九日, 丁火十一日	芒種 夏至
未月	小暑後丁火九日, 乙木三日, 己土十八日	小暑 大暑
申月	立秋後戊己土十日, 壬水三日, 庚金十七日	立秋 處暑
酉月	白露後庚金十日, 辛金二十日	白露 秋分
戌月	寒露後辛金九日, 丁火三日, 戊土十八日	寒露 霜降
亥月	冬後戊土七日, 甲木五日, 壬水十八日	立冬 小雪
子月	大雪後壬水十日, 癸水二十日	大雪 冬至
丑月	水寒後癸水九日, 辛金三日, 己土十八日	小寒 大寒

按此表人元司令日數, 雖未可執著, 而藏天干於地支, 乾體而坤用, 分析陰陽, 至爲精密. 所謂以坎離震兌, 分主二至二分, 而三百八十四爻, 陰陽錯綜, 盈虛消息, 無不相合者是也. 始于何時, 出於何人之手, 猶待考證, 海內博雅君子, 如有知其源流, 擧以見示, 至爲感紉.

위에서 설명한 인원 사령의 날짜 수에 너무 집착할 필요는 없다. 다만 천간이 지지 속에 감추어져 있는 것을 설명한 것으로, 천간으로 체를 삼고 지지로 용을 삼아 음양을 매우 정밀하게 분석한 것이다. 그리하여 坎離震兌, 동지와 하지와 춘분과 추분의 구분, 삼백팔십사효, 해와 달의 차고 기울어지는 현상 등을 설명할 수 있게 된 것이다. 언제 누가 만든 이론인지는 고증이 되지 않았으나 누구든지 그 원류를 밝혀내어 보여준다면 더할 나위 없이 고맙겠다.

人之日主, 不必生逢祿旺, 即月令休囚, 而年日時中, 得長祿旺, 便不爲弱, 就使逢庫, 亦爲有根. 時産謂投庫而必沖者, 俗書之謬也, 但陽長生有力, 而陰長生不甚有力, 然亦不弱. 若是逢庫, 則陽爲有根, 而陰爲無用. 蓋陽大陰小, 陽得兼陰, 陰不能兼陽, 自然之理也.

일주가 반드시 출생한 월에서 록왕지를 만날 필요는 없다. 월령에서 휴수가 되어도 년, 일, 시 중에서 장생이나 녹이나 제왕 등을 만난다면 신약은 아니다. 심지어 고를 만나도 뿌리가 되므로 능히 쓸 수 있다. 양간의 장생은 유력하지만 음간의 장생은 두터운 힘을 얻지 못한다. 그래도 약한 것은 아니다. 만약 고를 만났다면 양간에게는 뿌리가 되지만 음간에게는 쓸모가 없다. 양간은 크고 음간은 적으니, 양은 음을 겸할 수 있어도 음은 양을 겸할 수가 없다. 이것이 자연의 이치다.

樂吾·註> 地支所藏之干, 本靜以待用, 透出干頭, 則顯其用矣. 故干以通根爲美, 支以透出爲貴. 《滴天髓》云 ;“天全一氣, 不可使地德莫之載 ; 地全三物, 不可使天道莫之容”. 如四辛卯, 四丙申, 雖干支一氣, 而不通根, 不足貴也. 地全三物, 謂所藏三干, 不透出則不能顯其用也. 天干通根, 不僅祿旺爲美, 長生, 餘氣, 墓庫皆其根也. 如甲乙木見寅卯, 固爲身旺, 而見亥辰未, 亦爲有根也. 逢庫必沖之說, 謬誤可嗤. 如辰本爲東方木地, 若在淸明後十二日內, 乙木司令, 余氣猶旺, 何云投庫? 土爲本氣, 無所謂庫. 金火則庫中無有, 沖亦何益? 僅壬癸水遇之爲庫, 若能透出, 同一可用. 癸水本爲所藏, 而透壬水則墓本從五行論, 不分陰陽也. 謂陰長生不甚有力, 然亦不弱, 又謂逢庫陰爲無用, 皆因誤於陰陽各有長生, 而不能自圓其說也. 又此節雖指日主, 而年月時之干皆同, 能得月令之氣, 自爲最強 ; 否則, 月令休囚, 而年日時支中, 得生祿旺餘氣墓, 皆爲通根也.

지지 속에 감추어져 있는 천간은 고요하게 쓰일 때를 기다리고 있는 것이다. 그러므로 천간에 투출하면 그 작용이 클 것이다. 그러므로 천간은 지지에 통근해야 좋고, 지장간은 천간에 투출해야 귀하게 된다. '적천수'에서는 "천전일기는 지지에 통근해야 하고, 지전삼물은 천간에 투출하지 않으면 안 된다"고 했다. 예컨대, 四辛卯, 四丙申은 비록 천간이 일기로 되어 있지만 지지에 통근하지 않았으므로 귀하게 되지 못한다. 지전삼물은 지지 속에 지장간 3개가 있는데 투출하지 못하면 큰 작용을 하지 못함을 일컫는 말이다. 따라서 천간은 지지에 통근해야 하니, 녹과 제왕만 좋은 것이 아니고 장생, 여기, 묘고에도 통근하는 것이다. 예컨대 甲乙木이 寅卯를 만나면 당연히 신왕하게 되고, 亥辰未를 만나도 역시 뿌리를 박게 된다. 묘고를 만나도 통근하게 되는데, 충하여 창고를 열어야 한다는 말은 잘못된 학설이다. 가령 辰은 동방의 木으로서 청명 후의 12일 이내에 출생했다면 乙木이 사령하게 되므로 여기에 통근하게 되어 오히려 甲乙木이 왕하게 되는 것인데 이를 충하여 乙木이 파괴되면 어찌 좋을 리가 있겠는가? 土는 辰戌丑未의 본기이니 묘고라고 할 것이 없고, 金水木火는 庫 속에 있든 없든 충하여 유익할 것이 없다. 壬癸水가 庫를 만났는데 庫物이 천간에 투출했다면 마찬가지로 쓸 수가 있으니, 癸水는 지장간에 숨어 있고 壬水는 천간에 투출했으니 壬水가 지지에 통근한 것이 된다. 생왕묘고의 학설은 오행을 보고 논해야지 오행의 음양을 나누어 각기 다르게 논할 수 없다. 원문에서 음간은 장생이 되어도 유력하지 않지만 그렇다고 힘이 없지도 않다거나, 음간은 고를 만나면 쓸모가 없다고 한 말은 음양에 따라 장생이 따로 있다는 학설에 구애받아서 생겨난 잘못된 학설이다. 또 이 원문은 일주를 위주로 설명하였는데 연월시의 천간도 그 원리에 따라서 판단하면 된다. 월령의 기를 얻으면 가장 강하게 되는 것이고, 비록 월령에서 휴수하여 월령의 기를 얻지 못했다고 해도 연일시의 지지 가운데 장생, 녹, 왕, 여기, 묘고를 만나면 모두 통근했다고 볼 수 있는 것이다.

註> 십이운성의 포태법은 오행이 아닌 십간의 생왕묘절을 운용하는 것으로 서락오가 미급한 견해로 단정해버린 해설을 어떻게 바로 잡아야 할지 엄두가 나지 않을 지경이다. 이것은 포태진기(최이린, 장서원 刊)를 참조하기 바란다. 서락오를 위시한 근대의 명리 대가들은 대개 왕쇠강약과 형충회합의 법수에 치밀하게 접근하지 못했다. 명리물상실전57초(이수명리학회 해운대포럼, 장서원 刊)와 형충회합(BAZI Primer-6, 장서원 刊)을 학습하면 명리의 신기원을 실감하게 될 것이다. 형충회합과 합생합반의 물상론은 당 문파의 특기라 할 수 있다. 한편 통근과 관련해서도 허자(虛字)는 운용법이 다르므로 이 점도 보완되어야 할 부분이라 할 수 있다.

chapter 4. 三命通會

十幹分配天文

甲木為雷.

甲木은 우레다.

雷者, 陽氣之噓也, 甲木屬陽, 故取象于雷焉.

우레, 양기는 울리는 것으로 甲木은 陽에 속하여 그 상으로 우레를 취한다.

稽諸月令, 仲春之月, 雷乃發聲, 甲木旺, 即其驗也, 況雷奮於地, 木生於地, 其理又無不同者。

모든 月令을 상고하건대 중춘에는 우레가 발성하니 甲木이 왕성함을 증험하게 되니 비유하자면 우레는 땅에서 분격하고 木은 땅에서 생하는바 그 이치가 다르지 않다.

甲木至申而遂絕, 以雷聲至申而漸收也。

甲木이 申의 절지에 이르면 이에 우레 소리가 申에 미쳐 점차 거두어진다.

凡命屬甲日, 主喜值春天, 或類象, 或趨乾, 或遙巳，或拱貴，俱大吉； 運不喜西方。

대저 命에 속한 甲日은 주로 천간에 甲木을 보는 것을 기뻐하는데, 혹 類象, 趨乾, 遙巳, 拱貴라면 모두 대길하며 운이 서방으로 가는 것을 기피한다.

註> 유상은 간지가 一行으로 무리를 지은 유형이고, 추건은 甲日 亥時, 요사는 甲子日 甲子時, 공귀는 甲寅日 甲子時로 外格을 뜻한다.

經雲： 木在春生，處世安然，必壽。

경에 木이 봄에 태어나면 처세가 안연하고 반드시 장수한다고 했다.

乙木為風。

乙木은 바람이다.

乙木長生在午，敗在巳。

乙木은 午에서 장생하고 巳에서 욕패한다.

在午而生者，蓋乙為山林活木，至夏來而暢茂，詩所謂千章夏木青是也； 其敗巳雲何？

午에서 생하는 것은 대개 乙은 山林活木이라 여름이 되면 무성하게 자라니 시에 이른바 무성한 초목이 여름 나무가 푸르다는 게 바로 이 것인데 패지가 巳라 함은 어째서인가?

巳乃巽地，巽為風，木盛風生也，風生於木而反摧木，猶之火生於木而反焚木，其取敗也固宜，所謂乙木為風者，木其所自生雲爾。

巳는 곧 巽地이니 손은 바람이라, 목이 성하면 바람이 생기는데 木에서 난 바람이 반대로 木을 꺾으니 오히려 木에서 생한 火가 木을 사르는바 패로 취하니 실로 마땅하고 이른바 乙木을 바람이라 함은 木이 있는 곳에서 바람이 자연 생하기 때문이다.

如人乙日建生者，在秋令大吉，秋令金旺，乙木能化能從而盤根錯節，非利器無所裁成； 逢亥必死，其落葉歸根之時耶？

만일 乙日에 난 사람이 가을철에 있으면 대길한데 가을에는 金이왕하여 乙木이 능히 從化하고 구부러진 뿌리와 엉클어진 마디에 부딪혀도 날카로운 기물이 아니면 잘라 정리할 수 없는 것이고, 亥를 만나 반드시 죽게 됨은 그 낙엽이 뿌리로 돌아가므로 그러한가?

丙火為日。

丙火는 태양이다

《說卦傳》日： 離為火為日，日與火皆文明之象，是以丙火為日之名不易焉。

'설계전'에 말하기를 離는 불과 태양이라 했는데 태양과 더불어 불은 다 문명지상이니 이 때문에 丙火를 태양이라 하고 이름을 바꾸지 않는다.

太陽朝出而夕入，陽火寅生而酉死，而又何異乎？

태양은 아침에 솟아서 저녁에 지는데 양화는 寅에서 나고 酉에서 죽으니 거듭 무엇이 다르겠는가?

凡六丙生冬夏，不如春秋，春日有暄萬物之功，秋陽有燥萬物之用，冬則陰晦，夏則炎蒸，宜細推之。

무릇 六丙日이 겨울과 여름에 나면 봄과 가을만 못한데 봄의 태양은 온난하여 만물의 공이고, 가을의 양은 건조하여 만물의 용인바 겨울에는 흐리고 어두우며 여름에는 찌는 더위가 되니 마땅히 자세히 헤아려야 한다.

丁火為星。

丁火는 별이다.

丙火死而丁火逡從生焉，在天之日薄而星回也。

丙火가 죽어야 丁火가 맞이하여 따라 나는 것이고 하늘에 있는 태양이 엷어져야 별이 돌아오는 것이다

類如此星象唯入夜故燦爛，陰火唯近晦故輝煌，丁不謂之星而何？

대개 별의 상은 이와 같아 오직 저녁이 되어야 찬란해지고 음화는 밤에 근접해서야 휘황해지니 丁을 어찌 별이라 이르지 않을 수 있겠는가?

凡丁日生人喜遇夜，喜遇秋，如星光之得時也； 又喜行身弱地，如石裏所藏屬丁火，石雖在水，即時取擊，亦自有火； 其丁巳一日，多克父兄妻子，蓋財忌比劫，兄屈弟下，巳中有戊土，傷官也。

무릇 丁日에 난 사람이 밤과 가을을 만나는 것을 기뻐함은 마땅히 성광을 만나는 때라 그러하고, 또 신약한 곳으로 향함을 기뻐하는 것은 돌 속에 丁火를 감출 수 있어 비록 水에 있어도 즉시 두들겨 자연 불을 갖게 된다. 丁巳는 하나의 태양과 같아 부형처자를 극하는 경우가 많은데 대개 財는 比劫을 기피하고 형이 아우 아래 굽히는 것은 巳中戊土가 상관이기 때문이다.

戊土為霞。

戊土는 노을이다.

土無專氣，依火而生，霞無定體，借日以現，知丙火之為日，則知戊土之為霞矣。

土는 단독의 기운이 없이 火에 의지하여 생하므로 노을은 정해진 체가 없이 태양을 빌려 나타나는바 丙火가 태양인줄 안다면 戊土가 노을인줄 알게 된다.

是霞者，日之餘也，日盡而霞將滅沒，火熄則土無生意，故謂之霞也。

노을은 태양의 남은 기운이니 날이 다하면 장차 노을도 소멸되는 것으로 불이 꺼지면 土는 생할 뜻이 없어지는 까닭에 노을이라 하는 것이다.

如戊土日主愛四柱帶水則為上格，霞水相輝而成文彩也 ；更喜年月幹見癸，癸則為雨，雨後霞現而睹文明也.

만일 戊土日이 주로 사주에 水를 보게 되면 상격을 이루는데 노을과 물이 서로 비추어 문장의 아름다운 광채를 띠기 때문이다. 다시 연월의 천간에서 癸를 보면 癸는 곧 비로 비가 온 후에 노을이 밝은 격이라 문명을 목도하게 된다.

己土為雲.

己土는 구름이다.

己土生居酉，酉，兌方也，其象為澤。

己土는 酉에 머물러 생하며 酉는 兌方으로 못의 상을 이룬다.

先正曰："天降時雨，山川出雲。"

선정에 말하기를 "하늘이 때를 맞추어 비를 내리면 산천에 구름이 나타난다"고 했다.

然則雲者，山澤之氣也，己雖屬土，以此論之，則其謂之雲也亦宜。

그러한즉 구름이란 산택지기로 己는 비록 土에 속하나 이로 보아 구름으로 이르는 것이 마땅하다.

故甲己合而化土，其氣上升而雲施 ; 雲雷交而作雨，其澤下究而土潤.

까닭에 甲己가 합하여 土가 되는 것이고 그 기운이 상승하여 구름을 펼치는데 구름과 우레가 섞여 비를 내리니 그 못 아래 골짜기의 흙이 윤택해진다.

此造化之至妙者與!

이것이 조화의 지극한 묘일 터.

凡身主屬己土，貴坐酉，貴春生，貴見印，坐亥者不可見乙木，雲升天，遇風則狼籍而不禁也。

무릇 신주가 己土에 속하면 酉에 앉아 귀하고 봄에 나도 귀하며 印을 보아도 귀한데 亥에 앉아 乙木을 보면 불가하니 구름이 하늘에 올라 바람을 만난다면 어지럽게 흩어짐을 금할 수 없기 때문이다.

庚金為月。

庚金은 달이다.

庚乃酉方陽金，何以知其配月乎？

庚이 이에 酉方에 양금이라 어째서 그 달과 짝을 짓는가?

曰：五行之有庚，猶四時之有月也 ； 庚不待秋而長生，然必秋而始盛 ；月不待秋而後月，然必秋而益明.

말하자면 오행의 庚은 가히 사계절에 달이 있어 庚은 가을의 때가 아니라도 장생하나 필연코 가을이 되면 비로소 왕성해지니 달은 가을이 아니라면 빛이 떨어지나 가을이 되면 반드시 그 빛이 더욱 밝아진다.

以色言，月固白也，其色同矣 ； 以氣言，金生水也，潮應月也，其氣同矣。

色을 말하면 달의 색이 한결같이 白으로 그 색이 같

으며 氣로 보자면 金生水로 달이 潮水에 응하니 기운이 같다.

經雲：金沈在子， 見其與月沈波也，三日月見庚方見，月初生與庚為位也，故曰庚金為月。

경에 이르길, 金이 子에 잠기면 달이 물결에 잠기는 것과 같아 보이니 초사흘 달이 庚方에서 보임은 달이 처음에 庚의 자리에서 생하기 때문이다. 그러므로 庚金은 달이다.

如人庚日生者，四柱有乙巳字出，謂之月白風清，秋為上，冬次之，春夏無取。

만일 庚日生이 사주에 乙巳를 보면 월백청풍이라, 가을철에 나면 상격이고, 겨울에 나면 차격인데 봄과 여름은 특별히 취할 바가 없다.

辛金為霜。

辛金은 서리다. 金

八月，辛金建祿之地，是月也天氣肅殺，白露為霜，草木黃落而衰，故五行陰木絕在此地，若木經斧斤之斬伐，未有所生焉者也。

팔월에 辛金은 건록지에 들고 이 달은 천기숙살로 백

로가 서리가 되니 초목이 말라 떨어지므로 오행의 음목이 절지가 되는데 만약 도끼로 베고 자르면 살 곳이 없는 것이다.

斧斤以時入山林, 嚴霜以時殺草木, 揆之天道, 參之人事, 信乎辛金之為霜矣。

도끼를 가지고 산림에 들어가는 때는 서릿발같이 초목을 베는 시기니 이에 천도와 인사를 헤아릴 수 있고 辛金을 서리로 보는 것은 확실하다.

如辛人坐卯, 未透乙, 大富, 坐亥透丙則貴。

가령 辛人이 卯에 앉고 乙이 透하지 않으면 큰 부자요, 亥에 앉아 丙이 透하면 貴하다.

愛冬生。

겨울에 태어남을 기뻐한다.

壬水為秋露。

壬水는 가을 이슬이다.

春亦有露, 何獨擬之以秋?

봄에도 이슬이 있는데 어찌 유독 가을에 비하는가?

蓋春露、雨露既濡之露, 秋露、霜露既降之露也,露一也，春主生，秋主殺，功用不同有如此，然吾以壬為秋露也，蓋露屬水，而壬水生於申，水本能生木者，水既然在此而生，木何由於此而絕？

대저 봄 이슬은 雨露로 만물을 적셔 살리는데 가을 이슬은 霜露로 굴복시켜 죽이니 이슬은 하나지만 봄은 살리고 가을은 죽여 공들인 보람이 다른 것이다. 그런 연유로 壬은 秋露라 하고 모든 이슬은 水에 속하니 壬水는 申에서 생하고 본능적으로 木을 생하므로 水는 이미 생하는 듯하나 木을 절지에서 어떻게 쓸 것인가?

故知壬之為露，秋露也。

까닭에 壬은 이슬로 가을 이슬이 된다.

如壬日生秋，見丁火最顯，丁為星河，壬為秋露，一洗炎蒸，象緯昭然矣。

가령 壬日이 가을에 나고 丁火를 보면 최고로 현달하는데 丁은 은하가 되고 壬은 가을 이슬로 찌는 더위를 씻어내고 종횡으로 빛나기 때문이다.

癸水為春霖。

癸水는 봄의 장마다.

癸水生卯月，號曰春霖。

癸水는 卯에서 생하므로 春霖이라 이르는 것이다.

蓋陰木得雨而發生也, 然至申則死, 七, 八月多乾旱也.

대저 음목은 비를 얻어 발생하는데 申에 이르면 죽으니 칠팔월에 가뭄이 드는 것이다.

且卯前一位是辰, 辰, 龍宮也, 卯近龍宮而水生, 龍一奮遂化為雨焉; 卯為雷門, 雷一震而龍必興焉, 觀此則癸水其春霖矣。

또 卯의 일위 앞은 辰인데 辰은 용궁으로 卯가 용궁과 가까워 水를 생하니 용이 한번 떨치면 비로 화하므로 卯를 雷門이라 한다. 우레가 한번 진동하면 용이 필시 일어나니 이로 보건대 癸水는 春霖이다.

如癸卯日透出己字者, 有雲行雨施之象, 其人必有經濟才也。

가령 癸卯日이 己가 투출하면 구름이 운행하고 비를 내리는 상이라 그 사람은 필연 경제에 밝은 인사가 된다.

春夏吉, 秋冬不吉。

봄과 여름이 길하고, 가을과 겨울은 불길하다.

十二支分配地理

子為墨池。

子는 墨池다.

子在正北方，屬水，色象墨，故有墨池之象。

子는 正北方에 있어 水에 속하며 색이 검어 검은 못의 상이 있다.

凡命逢子年生者，時喜見癸亥，謂之水歸大海，又謂之雙魚遊墨，必為文章士矣。

子年生이 癸亥時에 나면 물이 大海로 돌아가니 또 이르기를 雙魚遊墨이라, 필시 문장가가 된다.

午為烽堠。

午는 烽堠다.

午正位於南，屬火、土，其色赤黃，名其曰烽堠者，此也；又午為馬，烽堠乃戎馬兵火之處所也。

午는 正南方에 위치하여 火, 土에 속하고 그 색이 赤黃으로 봉후라 한 것인데 또 午는 말도 되어 烽堠 또는

軍馬兵 火의 처소가 된다.

午生人時利見辰, 眞龍出則凡馬空矣, 謂之馬化龍駒.

午生人이 辰을 보면 이로운데 龍이 나온다면 무릇 말은 빌 것이니 이를 두고 말이 龍駒로 변했다고 한다.

卯為瓊林。

卯는 瓊林이다.

卯系乙木, 居位正東, 于時為仲春, 萬物生焉, 色若琅之青, 故曰瓊林。

卯는 乙木과 연계되며 正東에 위치하고 계절로는 仲春이니 만물이 소생하는데 그 색이 푸른빛이 나는 옥돌과 같아 옥색의 수풀이라 한 것이다.

卯年遇巳未時者, 是為兔入月宮之象, 主大貴.

卯年生이 巳未時를 보면 토끼가 月宮에 드는 상이라 명주가 대귀하다.

酉為寺鍾。

酉는 寺種이다.

酉屬金, 位近戌亥, 戌亥者, 天門也, 鍾, 金屬也，寺鍾敲則響徹天門；

又酉居正西，寺則西方佛界也。

酉는 金에 속하며 戌亥와 근접하고 戌亥는 천문이다. 종은 금속으로 절에 종이 울리면 음향이 천문을 통하게 하고 또 酉는 正西에 머물러 서방정토를 佛界라 한다.

酉見寅吉，謂之鍾鳴谷應。

酉는 寅을 보면 길한데 이를 두고 종소리가 골짜기에 울려 퍼진다고 한다.

寅為廣穀。

寅은 廣穀이다.

註> 廣穀은 廣谷이다.

寅乃艮方，艮為山，戊土長生於是而廣穀之義著矣.

寅은 艮方으로 艮은 산이니 戊土가 장생하여 넓은 골짜기의 의미가 드러난다.

然寅宮有虎，寅生人而時戊辰者，謂之虎嘯而穀風生，威震萬里。

자연 寅宮에는 범이 있으니 寅生이 戊辰時에 나면 이를 일러 범이 골짜기에서 울부짖고 바람이 일어나 위권이 만리에 진동한다는 것이다.

申為名都。

申은 名都다.

坤為地，其體無疆，非名都不足以喻之。

坤의 자리로 그 체가 끝이 없으니 이름난 도읍이 아니면 비유로 부족하다.

申，坤也，都者； 帝王所居； 申宮壬水生，又與艮山對，是水繞山環也。

凡命愛申年亥時，乃地天交泰。

申은 坤으로 都는 제왕의 거소니 申에서 壬水가 생하고 또 艮山과 상대하니 물이 산을 고리처럼 둘러 싼 격이라 무릇 申年生은 亥時를 기뻐하는데 이에 地天이 交泰하기 때문이다.

巳為大驛。

巳는 大驛이다.

大驛者，人煙湊集，道路通達之地。

큰 정거장에는 사람들이 연기처럼 모이고 도로가 통달한다.

巳中有丙火戊土，是其象也，又巳前有午馬，故曰大驛.

巳에는 丙火와 戊土가 있어 바로 그러한 象이 나타나고, 또 巳 앞에 午의 말이 있는 까닭에 大驛이라 한 것이다.

巳生喜得辰時，蛇化輕龍，於格為千里龍駒。

巳年生이 辰時를 얻으면 기뻐하는데 뱀이 변하여 몸집이 작은 용이 되니 천리에 龍駒를 몰아가는 격이기 때문이다.

亥為懸河。

亥는 懸河다.

天河之水，奔流不回，故曰懸河，亥即天門，又屬水，非懸河之象乎？

천하의 水가 분류하여 돌아오지 않으니 급히 흐르는 내라 하고, 亥는 천문이고 또 水에 속하니 懸河의 상이 아니겠는가?

亥年建生，日時見寅、辰二字，是乃水拱雷門。

亥年生이 日時에 寅과 辰 두 글자를 보면 물이 우레의 문을 마주 잡았다고 한다.

註> 亥가 寅을 보면 病이 들고, 辰을 보면 入庫되어 좋지 않다.

辰為草澤。

辰은 草擇이다.

夫澤, 水所鍾也, 辰在東方之坎, 為水庫, 故為草為澤; 辰逢壬戌、癸亥即龍歸大海格。

무릇 못은 물이 모이는 곳으로 辰은 東方에 있어 坎이고 水庫로 풀이 있는 연못이 된다. 辰年生이 壬戌과 癸亥를 보면 용이 큰 바다로 돌아가는 격이 된다.

註> 壬戌과 癸亥는 납음으로 大海水다.

戌為燒原。

戌은 燒原이다.

戌月在九秋, 草木盡萎, 田家焚燒而耕, 又戌屬土, 是以稱名燒原, 故戌與辰地皆貴人所不臨也。

戌月은 九月 가을로 초목이 다 시드는 때라 田家는 분소하고 경작하는데 戌은 土에 속하여 불타는 언덕이라 하는 것이니 까닭에 辰과 더불어 戌에는 귀인이 임하지 않는다.

戌生逢卯，號曰春入燒痕。

戌年生이 卯를 보면 불탄 자리에 봄이 들었다고 말한다.

註> 春入燒痕은 좋은 의미가 아니다. 卯戌合은 쌍방이 墓와 浴의 敗地에 들기 때문이다.

醜為柳岸。

丑은 柳岸이다.

醜中有水有金，岸者，土也，所以止水也，故謂柳岸.

丑에는 水와 金이 있으니 연안이고, 土가 있어 水를 그치게 하니 버들이 있는 언덕이라 한 것이다.

醜人時見己未，乃月照柳梢，極為上格.

丑年生이 己未를 보면 달빛이 버드나무 끝을 비춘다 해서 극히 상격을 이룬다.

註> 詩經에 어린 버드나무 빛이 황금과 같다고 한 말이 月照柳梢의 뜻이다.

未為花園。

未는 花園이다.

花園屬之未，不屬之卯，何也？

화원이 未에 속하고 卯에 속하지 않는 이유가 무슨

까닭인가?

卯乃木旺，自成林麓；未乃木庫，如人築牆垣以護百花也，以百花言未中有雜氣耳； 未年人雙飛格，最妙，如辛未見戊戌，兩幹不雜是也。

卯는 木이 왕하여 자연 산기슭 수풀을 이루나 未는 木庫로 사람이 담을 잘 쌓고 百花를 심은 것과 같으니 未에는 여러 잡기가 있기 때문이다. 未年生이 雙飛格이 가장 묘하니 이를테면 辛未가 戊戌을 보아 양간부잡을 이루는 것이다.

註> 雙飛란 八字虛字論의 飛合飛出과 命理物象實戰書의 合生合作을 포괄하는 개념이다. 결국 고난도의 실전 비결이 모두 원론에 근거하고 있음을 알 수 있다.

論地支屬相

或問：地支有屬相，而天干則無者，何也？ 答曰：天干動而無相，地支靜而有相。

혹 묻기를, "지지에는 속상이 있는데 천간에는 없는 이유가 무엇인가?"한다면 답하기를, "천간은 움직이므로 형상이 없고, 지지는 그쳐 머무니 모양이 있다"고 할 것이다.

蓋輕清者天也, 重濁者地也, 重濁之中, 乃有物焉.

대개 가볍고 맑은 것이 천간이요, 무겁고 탁한 것이 지지인데 중탁한 중에 사물이 있는 것이다.

故子屬鼠, 醜屬牛, 寅屬虎, 卯屬兔, 辰屬龍, 巳屬蛇, 午屬馬, 未屬羊, 申屬猴, 酉屬雞, 戍屬犬, 亥屬豬.

그래서 子에는 쥐, 丑에는 소, 寅에는 범, 卯에는 토끼, 辰에는 용, 巳에는 뱀, 午에는 말, 未에는 양, 申에는 원숭이, 酉에는 닭, 戌에는 개, 亥에는 돼지가 속한다.

此十二屬相亦有奇偶之分, 盛衰之用。

이상 십이속상에 또한 기우의 구분이 있으며 성쇠의 용이 있다.

奇者鼠、虎、龍、馬、猴、犬, 一則屬陽, 六獸之足皆單；偶者牛、兔、蛇、羊、雞、豬, 二則屬陰,六獸之足皆雙。

홀수에 쥐, 범, 용, 말, 원숭이, 개가 하나로 양에 속하니 육수의 발은 모두 單이고, 짝수에 소, 토끼, 뱀, 양, 닭, 돼지는 둘로 음에 속하니 육수의 발은 다 雙이다.

唯蛇無足又何取義？ 蓋巳在月乃純陽之月，在時乃春陽之時，數則偶而時則陽，故用蛇以象之，蛇乃陰物，不用其足而象巳著疑，亦諱言乎陰之意爾，況亦有雙頭者。

오직 뱀에 발이 없으니 또 무슨 의미를 취할 것인가? 무릇 뱀은 월에서 순양지월이요, 시절로는 춘양의 계절인데 수는 짝이고 때는 양이니 까닭에 뱀의 모양을 쓴 것이다. 뱀은 陰物로 발을 쓰지 않아 모양에 의심이 드러나고 게다가 음의 뜻에 가까워 말하기가 꺼림칙한데 비유하자면 다만 머리가 둘일 뿐이다.

註> 만민영이 雙頭로 蛇陰을 비유한 대목은 장황스러운 면이 있다. 단지 혀가 둘로 갈라진 冷血動物로 설명해도 충분하다. 보통 뱀을 一口二言(四), 혹은 이중어법을 잘 구사하는 재주꾼으로 비유한다.

可驗十二相即三十六禽中取其首者擬之，自有陰陽之別，單雙之分，此造化之所以為妙也。

십이상, 삼십육금 중에 그 머리를 취하여 헤아리면 가히 증험하는바가 있는데 자연 음양의 구별과 단쌍의 구분이 되니 이것이 바로 조화의 묘라 하겠다.

註> ∴ 三十六禽[1]

<table>
<tr><th colspan="3">東方 木</th><th colspan="3">南方 火</th><th colspan="3">西方 金</th><th colspan="3">北方 水</th></tr>
<tr><td>寅</td><td>卯</td><td>辰</td><td>巳</td><td>午</td><td>未</td><td>申</td><td>酉</td><td>戌</td><td>亥</td><td>子</td><td>丑</td></tr>
<tr><td>狸[1]</td><td>狐[1]</td><td>龍[1]</td><td>蟬[1]</td><td>鹿[1]</td><td>羊[1]</td><td>狖[1]</td><td>烏[1]</td><td>狗[1]</td><td>豕[1]</td><td>猫[1]</td><td>牛[1]</td></tr>
<tr><td>豹[2]</td><td>蛟[2]</td><td>鮫[2]</td><td>鯉[2]</td><td>馬[2]</td><td>雁[2]</td><td>猿[2]</td><td>鶏[2]</td><td>狼[2]</td><td>貐[2]</td><td>鼠[2]</td><td>蟹[2]</td></tr>
<tr><td>虎[3]</td><td>貉[3]</td><td>魚[3]</td><td>蛇[3]</td><td>獐[3]</td><td>鷹[3]</td><td>猴[3]</td><td>雉[3]</td><td>豺[3]</td><td>豬[3]</td><td>蝠[3]</td><td>鱉[3]</td></tr>
<tr><td></td><td>貂*</td><td></td><td></td><td></td><td></td><td></td><td></td><td></td><td></td><td>燕*</td><td></td></tr>
</table>

∴ 三十六獸[2]

<table>
<tr><th colspan="3">東方 木</th><th colspan="3">南方 火</th><th colspan="3">西方 金</th><th colspan="3">北方 水</th></tr>
<tr><td>寅</td><td>卯</td><td>辰</td><td>巳</td><td>午</td><td>未</td><td>申</td><td>酉</td><td>戌</td><td>亥</td><td>子</td><td>丑</td></tr>
<tr><td>삵[1]</td><td>여우</td><td>용[1]</td><td>매미</td><td>사슴</td><td>양[1]</td><td rowspan="3">원숭이</td><td>까마귀</td><td>개[1]</td><td rowspan="2">돼지</td><td>살쾡이</td><td>소[1]</td></tr>
<tr><td>표범</td><td>토끼</td><td>교룡</td><td>잉어</td><td>말[2]</td><td>기러기</td><td>닭[2]</td><td>이리[2]</td><td>쥐[2]</td><td>게[2]</td></tr>
<tr><td>범[3]</td><td>오소리</td><td>물고기</td><td>뱀[3]</td><td>노루</td><td>매[3]</td><td>꿩[3]</td><td>승냥이</td><td>멧돼지</td><td>박쥐[3]</td><td>자라[3]</td></tr>
</table>

寅，木也，其禽虎，戌，土也，其禽犬，醜、未亦土也，醜禽牛，未禽羊，木勝土，故犬與牛羊為虎所服；亥，水也，其禽豕，巳，火也，其禽蛇，子亦水也，其禽鼠，午亦火也，其禽馬，水勝火，故豕食蛇，火為水所害，故馬食鼠屎而腹脹。

寅은 木이고, 짐승으로는 범이다. 戌은 土고 개요, 丑과 未는 土로 소와 양인데 木은 土를 이기는바, 까닭에 개와 우마는 범을 두려워한다. 亥는 水로 돼지다. 巳는 火로 뱀이고 子는 水로 쥐, 午는 火로 말인데 水는 火를 이기니 돼지가 뱀을 먹는다. 火는 水가 있는 곳에서 해를 입는 까닭으로 말이 쥐똥을 먹으면 창자가 뒤집힌다.

然亦有不相勝者。

그런데 역시 서로 이기지 못하는 게 있다.

午，馬也，子，鼠也，酉，雞也，卯，兔也，水勝火，鼠何不逐馬？

金勝木，雞何不啄兔？

亥，豕也，未，羊也，醜，牛也，土勝水，牛羊何不殺豕？

巳，蛇也，申，猴也，火勝金，蛇何不食獼猴？

午는 말이고 子는 쥐, 酉는 닭이며 卯는 토끼로 水가 火를 이기는데 어째서 쥐가 말을 내쫓지 못하는가? 金이 木을 이기는데 닭이 어찌 토끼를 쪼지 못하는가? 亥는 돼지고, 未은 양, 丑은 소로 土가 水를 이기는데 우마가 어찌 돼지를 죽이지 못하는가? 巳는 뱀이고 申은 원숭이로 火가 金을 이기는데 어째서 뱀이 원숭이를 먹지 못하는가?

獼猴, 畏鼠者也, 齧獼猴者, 犬也。

鼠, 水, 獼猴, 金也, 水不勝金, 獼猴何故畏鼠?

戌, 土也, 申, 猴也, 土不勝金, 猴何故畏犬?

원숭이는 쥐를 두려워하고, 원숭이를 무는 것은 개다. 쥐는 水고 원숭이는 金으로 水는 金을 이기지 못하는데 무슨 까닭으로 원숭이가 쥐를 두려워하는가? 戌은 土고 申은 원숭이로 土는 金을 이기지 못하는데 무슨 까닭으로 원숭이가 개를 두려워하는가?

十二支之禽以氣性相克則尤不相應。

십이지금의 기성 상극으로는 특히 상응하지 않는다.

大凡含血之蟲相服, 至於相啖食者, 以齒牙鈍利、筋力優劣自相勝服也。

대체로 보아 혈기를 품은 동물들이 서로 복종시키고, 심지어 서로 잡아먹을 때는 치아의 무딤과 날카로움, 근력의 우열로써 자연 서로 이기고 복종한다.

註> 이 대목은 만민영이 王充의 論衡, 物勢篇의 내용 일부를 전제를 달지 않고 인용하여 독자들의 혼란을 초래한다. 삼명통회에는 전체 줄거리가 매끄럽지 않은 부분이 종종 눈에 띄는데 대개 이런 연유다.

樂吾·註;子平眞詮評註,論時說以訛傳訛> 古人命書，喜用韻語，限於字數平仄，詞不達意，易起誤會，而俗書無知妄作，亦間有之。如五星以年爲主，用星辰納音起格局，而子平以日爲主，亦用星辰納音以自眩博覽，自欺欺人，此一類也。古人命式，誤收甚多，如《神峰通考》，即常見之；亦有並非誤收，特藉以說明一節，而後人誤會爲格局者亦有之。古來命書之中，如《三命》、《通考》、《子平》、《淵海》，收羅雖廣，雜而不精，編次亦少條理，僅能供參考之用。《窮通寶鑒》精矣，而只談經驗，不說原理；《神峰通考》，不免偏執。欲求一完善之書，殊不易得也。

고인들의 명서에는 운어의 사용을 좋아하였는데, 자수

와 평측(漢文의 時· 賦 등에서 音韻의 높낮이)에 제한을 받아서 뜻을 제대로 나타내지 못했으니 오해가 잘 일어난다. 속서는 무지하고 망령되이 만들어졌는데 그 가운데 오해가 있었다.

가령 오성술은 연을 위주로 하고 성신이나 납음을 사용하여 격국을 세우는데, 자평술은 일을 위주로 하는데도 또한 성신이나 납음을 사용하여 스스로 박학함을 자랑하고 타인을 기만한다. 이것이 한 종류다. 또 고인의 명례에는 잘못 수집된 것이 무척 많은데 신봉통고에는 자주 지적된다. 또한 잘못 수집된 것이 아니라도 성신이나 납음을 가차해서 설명한 것들이 많은데 후대에 이를 오해하여 격국으로 삼은 경우가 있다. 고래의 명서 중에 이를테면 삼명, 통고, 자평, 연해는 모아서 정리한 것이 비록 광범위하다고 할지라도, 잡스럽고 정밀하지 못하며 편차에 조리가 없으니 겨우 참고로 사용할 수 있을 뿐이다. 궁통보감은 정밀하나 단지 경험만을 논했고 원리는 설명하지 않았으며, 신봉통고는 치우친 편찬임을 면키 어렵다. 한 권의 완전한 명서를 구하는 일은 실로 어렵다.

chapter 5. 滴天髓

論天干

甲木參天, 脫胎要火, 春不容金, 秋不容土,
火熾乘龍, 水蕩騎虎, 地潤天和, 植立千古。

乙木雖柔, 刲羊解牛, 懷丁抱丙, 跨鳳乘猴,
虛濕之地, 騎馬亦憂, 藤蘿繫甲, 可春可秋。

丁火柔中, 內性昭融, 抱乙而孝, 合壬而忠,
旺而不烈, 衰而不窮, 如有嫡母, 可秋可冬。

戊土固重, 既中且正, 靜翕動闢, 萬物司命,
水潤物生, 火燥物病, 若在艮坤 , 怕沖宜靜。

己土卑濕, 中正蓄藏, 不愁木盛, 不畏水旺,
火少火晦, 金多金明, 若要物昌, 宜助宜幫。

庚金帶煞, 剛健為最, 得水而清, 得火而銳,
土潤則生, 土乾則脆, 能贏甲兄, 輸於乙妹。

辛金軟弱, 溫潤而清, 畏土之多, 樂水之盈,
能扶社稷, 能救生靈, 熱則喜母, 寒則喜丁。

壬水通河，能洩金氣，剛中之德，週流不滯，
通根透癸，沖天奔地，化則有情，從則相濟。

癸水至弱，達於天津，得龍而潤，功化斯神，
不愁火土，不論庚辛，合戊見火，化象斯真。

- 적천수스펙트럼Ⅰ 中 -

갑목참천 포태요화
甲木參天，胞胎要火，

甲木이 천간에 나타나면 포태(胞胎)에는 火를 요한다.

원시(原詩)의 포태(胞胎)는 일부에 탈태(脫胎)로 표기되어 십이운성(十二運星)의 태궁(胎宮)을 탈출(脫出)하는 의미로 해석되기도 한다. 즉 장생궁(長生宮)을 뜻하는바 亥月 甲木으로 동목(凍木)이 火를 기뻐한다는 것인데, 甲木은 비단 동월(冬月)에만 火를 요(要)하지 않으므로 추동(秋冬)을 포괄하는 포태(胞胎)로 인식해도 무방하다. 추목(秋木)과 동목(冬木)은 丁火를 용(用)하여 성격(成格)되어야 상격(上格)을 이루고, 亥月 甲木의 경우도 마찬가지다. 이때 조후(調喉)로 쓰는 丙火는 일선(一線) 丁火 다음으로 쓰이는 차선(次善)의 용(用)이 된다. 추금(秋金)은 丙丁火를 함께 보아 관살혼잡

(官殺混雜)이 되어도 귀격(貴格)으로 손색이 없다는 특징이 있다. 이때 丁火는 연금(鍊金)하기 위해, 丙은 조후(調喉)로써 각각의 역할을 수행하는 것인데, 이같이 丙丁을 다 같이 용(用)하는 경우가 더러 있다. 동목(冬木)이 丙丁을 같이 쓰는 경우도 같은 맥락이다. 따라서 酉月 甲木에 丁丙庚이 모두 투(透)하면 최상격(最上格)이 된다.

庚 甲 丁 丙
□ 子 酉 □

亥月 甲木은 인수격(印綬格)인데 庚을 쓰면 인봉관살(印逢官殺), 丁을 쓰면 인용식상(印用食傷), 戊를 쓰면 인다용재(印多用財)로 격국(格局)이 성격(成格)된다. 丙火를 용(用)하면 한목향양(寒木向陽)하여 귀격(貴格)을 이룬다.

丙 甲 己 丙
□ □ 亥 □

춘불용금, 추불용토
春不容金, 秋不容土,

봄철의 甲木은 金을, 가을철의 甲木은 土를 꺼린다.

춘불용금(春不容金)이란 '목화통명(木火通明), 불리견관(不利見官)'을 말하는 것이다. 원래 甲木은 庚金으로 기물(器物)을 이루고, 丁火로 통명(通明)하여 庚丁이 양투(兩透)하면 상격(上格)을 이룬다. 그러므로 봄철의 甲木이 金을 용납하지 않는 경우는 寅月 甲木의 록겁격(祿劫格)에 식상(食傷)의 수기(秀氣)로 성격(成格)되는 목화통명(木火通明)에 한해서만 유효한 내용이라 할 수 있다. 가령 다음과 같은 경우로 직접적인 파격(破格)의 요인은 되지 않는다.

庚 甲 丙 □
□ □ 寅 □

추목(秋木)은 사목(死木)으로 이미 진신(眞神) 金이 용신(用神)으로 귀격(貴格)이 되기 쉽다. 이때는 丁火가 존신(尊神)이 되는 상관가살격(傷官駕殺格)의 귀명(貴命)을 이루는데 추불용토(秋不容土)란 戊己土로 인해 격국(格局)이 훼손되는 경우를 말한다. 그러나 土가 水를 제극(制剋)하여 丁火를 보존하거나, 식상생재(食傷生財)로 성격(成格)되면 능히 부귀격(富貴格)을 이룬다. 따라서 '춘불용금(春不容金), 추불용토(秋不容土)'는 팔자술(八字術) 실전에서는 잘 통하지 않는 대목이

기도 하다.

화치승룡 수탕기호
火熾乘龍, 水蕩騎虎,

火가 치열하면 용(龍: 辰土)에 오르고, 水가 넘치면 호(虎: 寅木)에 올라탄다.

화치승룡(火熾乘龍)이란 '계장병투(癸藏丙透), 명한목향양(名寒木向陽)'을 일컫는 말이다. 丙寅月 甲辰日에 丙과 辰이 훼손당하지 않으면 명한목향양(名寒木向陽)으로 대부귀(大富貴)를 의심할 여지가 없다.

□ 甲 丙 □
□ 辰 寅 □

한목향양(寒木向陽)이라, 동목(冬木)은 인수봉관(印用逢官)으로 성격(成格)된 명(命)이 火 식상(食傷)을 보아도 파격(破格)되지 않고 기후(氣候)를 적합케 하므로 오히려 좋은 것이다. 이때 지지(地支) 寅을 보면 병무(丙戊)가 암장(暗藏)되어 최상격(最上格)을 이루는데, 지지(地支) 수국(水局)을 이룬 경우 수탕기호(水蕩騎虎)라 할만하다.

癸 甲 庚 丙
□ 寅 子 申

지윤천화 식립천고
地潤天和, 植立千古.

지지(地支)에 癸水의 뿌리가 되는 亥나 辰이 있고 천간(天干)에 丙火가 적당하면 오랜 세월 동안 뿌리를 내린다.

이 또한 한목향양(寒木向陽)의 '포맷'으로 이해하면 좋다. 가령 亥月 甲木은 인수격(印綬格)인데 庚을 쓰면 인봉관살(印逢官殺), 丁을 쓰면 인용식상(印用食傷), 戊를 쓰면 인다용재(印多用財)로 격국(格局)이 성격(成格)된다. 丙火를 용(用)하면 한목향양(寒木向陽)하여 귀격(貴格)을 이룬다.

丙 甲 己 丙
□ □ 亥 □

을목수유 규양해우
乙木雖柔, 刲羊解牛,

乙木은 비록 유(柔)하다고 하나, 未와 丑은 찌르고 가르는 힘이 있다.

乙木은 본성이 유약하여 토재(土財)를 감당하기가 쉽지 않으나 未와 丑의 장간(藏干)에는 乙木과 癸水가 있어 생의(生意)가 있다. 특히 未月 乙木의 핵심은 癸水가 되는데 굳이 재격투인(財格透印)으로 성격(成格)되지 않아도 팔자(八字)에 丙火를 보면 축궁(丑宮) 癸水를 용(用)해 상격(上格)이 되는 경우가 적지 않다. 다음은 시랑(侍郎)에 오른 팔자(八字)다.

己 乙 己 丙
卯 丑 未 亥

서북운(西北運)에 부귀격(富貴格)을 이룬 명례(命例)다. 寅中 丙火가 있어 수운(水運)에 발(發)한 것이다.

□ 乙 己 戊
□ 卯 未 寅

회정포병 과계승후
懷丁抱丙, 跨鷄乘猴,

丁이나 丙을 품으면 계(鷄: 酉金)을 타넘고, 후(猴: 申金)를 업신여긴다.

고서(古書)에 이르길, 추월(秋月) 乙木이 金을 만나면 가난하거나, 요절(夭折)을 면키 어렵다고 했다. 비단

추월(秋月) 뿐만 아니라 乙木은 대개 丙癸만을 반겨 귀격(貴格)을 이룬다. 만일 癸水가 없는데 火까지 없으면 병(病)이 된다. 따라서 乙木은 늘 金에 상할 염려가 있으므로 丙丁火는 최후의 보루가 되는 셈이다.

□ 乙 丁 丙
□ 亥 酉 申

살용식제(殺用食制)의 유형으로 최소한의 격(格)을 이룬 셈이고, 해궁(亥宮) 癸水로 귀(貴)를 함유한다.

허 습 지 지 기 마 역 우
虛濕之地, 騎馬亦憂,

지지(地支)가 습(濕)하여 뿌리가 썩을 정도면 마(馬: 午火)에 올라도 역시 우환(憂患)이 있다.

삼동(三冬) 乙木은 丙火를 얻어 발영(發榮)함을 기뻐하니 한목향양(寒木向陽)이 된다. 특히 축월(丑月)에는 일양해동(一陽解凍)이라 하는데 만일 丙火가 없으면 매우 춥기 때문에 木이 얼어붙으므로 빈천(貧賤)하거나 요절(夭折)하기 쉽다. 丙을 보지 못하면 戊土로 水를 억제하여 뿌리를 튼튼하게 하는 것이 급선무다. 丙火가 출간(出干)하지 못하고, 암장(暗藏)되면 생원(生員)에 불과하고 끝내 빈한한 선비가 된다.

□ 乙 癸 □
□ 亥 丑 □

비록 재격투인(財格透印)으로 성격(成格)된들 火가 없어 가난한 유림(儒林)에 그치고 만다. 남방운(南方運)에 한시적인 의록(依祿)을 기대할 수 있다.

등라계갑 가춘가추
藤蘿繫甲, 可春可秋.

등라(藤蘿: 乙木)이 甲木과 연계하면 가춘가추(可春可秋)라, 계절에 구애됨이 없이 뿌리가 뽑히는 법은 없다.

甲 乙 乙 乙
申 酉 酉 酉

종살격(從殺格)으로 상서(尙書)에 오른 팔자(八字)다.

병화맹렬 기상모설
丙火猛烈, 欺霜侮雪,

丙火는 맹렬(猛烈)하여 눈과 서리를 얕보고 업신여긴다.

한마디로 丙火는 壬水를 만나면 귀(貴)가 된다. 겨울

철에도 丙火는 능히 壬水를 용(用)하여 격(格)을 이룬다.

□ 丙 辛 壬
□ 寅 亥 申

칠살봉재무제(七殺逢財無制)라도 파격(破格)이 아니라 귀격(貴格)이 된다.

능 하 경 금　봉 신 반 겁
能煆庚金, 逢辛反怯,

능히 庚金을 녹이지만, 辛金을 보면 반대로 겁낸다.

하월(夏月) 丙火는 壬庚을 보면 문명(文明)의 상(象)을 이루어 높은 벼슬에 오른다. 辛金을 반기지 않는 것은 庚金이 丁火를 기뻐하는 조합을 제외하고는 양간(陽干)이 모두 다 같다.

壬 丙 辛 己
辰 午 未 卯

식재관(食財官)이 모두 투(透)했지만, 庚金이 壬水를 상생(相生)하지 않는 한 귀(貴)가 크지 않다. '조화원약평주'에는 己土가 설기(洩氣)하고 辛金이 상합(相合)하여 모두 병(病)이 되는 것으로 묘사하고 있다.

토중성자 수창현절
土衆成慈, 水猖顯節,

土가 무리를 이루면 자애(慈愛)가 있고, 水가 넘치면 절개(節槪)를 나타낸다.

土는 火를 어둡게 하지만 토중(土重)해도 식다용인(食多用印)이나 식신생재(食神生財), 혹은 식신대살(食神帶殺)로 성격(成格)되기만 하면 거부(巨富)를 이룰 가능성이 높아진다.

戊 丙 丙 戊
子 辰 辰 子

甲木을 보지 못해 귀격(貴格)을 이루지는 못했으나 子辰 회국(會局)으로 조상(照象)을 이룬 부명(富命)이다. 저명한 화상(華商)의 명(命)이다.

丙 丙 壬 丙
申 申 辰 戌

대가(大家) 서락오(徐樂吾)의 팔자(八字). 재투칠살(財透七殺)의 파격(破格)이나 수창현절(水猖顯節)로 학자의 절개와 고매한 정신은 표출되었다.

호마견향 갑래분멸
虎馬犬鄕, 甲來焚滅.

호마견(虎馬犬: 寅午戌)이 있는 곳에 甲木이 오면 분멸(焚滅)된다.

甲木이 火를 용신(用神: 격국)으로 삼으면 반드시 북방운(北方運)으로 흘러야 한다. 화운(火運)으로 향하면 목화성회(木化成灰)라 해서 반드시 죽음에 이른다고 했다.

辛 甲 甲 丙
未 戌 午 寅

여명(女命)의 상관견관(傷官見官)으로 고목(枯木)이자, 庚金이 없는 후목(朽木)으로 천박한 팔자(八字)가 되었다.

정화유중 내성소융
丁火柔中, 內性昭融,

丁火는 부드러운 가운데 내성(內性)은 소융(昭融)하다.

丁火는 여타의 음간(陰干)과 달리 극제(剋制)하는 힘

이 있으므로 능히 庚金을 녹일 수 있으므로 신강(身强)하면 대개 재(財)를 용(用)하는 것을 기뻐한다.

庚 丁 □ □
□ □ 卯 □

포 을 이 효 　 합 임 이 충
抱乙而孝, 合壬而忠,

乙을 품어 효(孝)하고, 壬을 합(合)해 충(忠)한다.

乙木이 왕금(旺金)을 만나면 빈천(貧賤)해지기 쉬운데 이때 丁火로 金을 제복(制伏)하면 귀(貴)가 있다.

□ 乙 丁 辛
□ □ 酉 巳

壬水는 청(淸)해야 하는데 己土가 있으면 니사(泥沙)가 잡(雜)되어 간사한 위인이 된다. 이때 丁은 壬을 합(合)하여 암암리에 목기(木氣)를 띠므로 己土의 해(害)를 방지하는 역할을 한다.

□ 壬 丁 己
□ 午 丑 丑

丁이 乙壬의 보호막 역할을 하는 차원과 달리, 午月

丁火가 壬水를 보고 록겁용관(祿劫用官)으로 성격(成格)되면 충효(忠孝)가 나타난다.

□ 丁 壬 庚
□ □ 午 □

왕 이 불 렬　쇠 이 불 궁
旺而不烈, 衰而不窮,

왕(旺)해도 강렬하지 않고 쇠(衰)하여도 궁(窮)하지는 않다.

丁火는 음유(陰柔)하므로 왕지(旺地)에 임(臨)해도 여간해서 비중(比重)으로 보지 않는다. 특히 장하천금첩첩격(長夏天金疊疊格)의 재왕신강(財旺身强)을 높은 격국(格局)으로 보는 것도 같은 맥락이다.

乙 丁 辛 庚
巳 巳 巳 酉

동월(冬月)의 丁火라도 甲木이 있으면 金水가 많아도 상격(上格)을 이루고, 비록 과갑(科甲)이 아니어도 선비의 우아함과 풍류(風流)는 잃지 않는다. 丁火는 거의 계절과 무관하게 庚金이 없으면 벽갑(劈甲)할 수 없고, 甲木이 없으면 인정(引丁)할 수 없어 목화통명(木

火通明)이 되지 않는다.

庚 丁 丁 乙
□ □ 亥 卯

여 유 적 모　가 추 가 동
如有嫡母, 可秋可冬.

만일 친어머니가 있으면 가추가동(可秋可冬)하다.

丁火가 甲木을 떠날 수 없는 것은 본성이 쇠갈(衰竭)하기 때문이다. 丁日 생(生)이 甲木을 보면 대개 부귀공명(富貴功名)을 이룬다.

甲 丁 甲 甲
辰 □ 戌 □

무 토 고 중　기 중 차 정
戊土固重, 旣中且正,

戊土는 단단하고 무거우며 원래 치우침이 없고 또 곧고 바르다.

戊土는 일단 중후(重厚)할수록 좋다. 따라서 전왕지(專旺地)로 들어가도 火로 생(生)해야 한다. 만일 火가 죽으면 토왕(土旺)해도 뜻을 이루지 못한다.

丙 戊 戊 甲
辰 □ 辰 □

정흡동벽 만물사명
靜翕動闢, 萬物司命,

정(靜)해도 합(合)하고, 동(動)하면 열리니 만물(萬物)의 목숨을 주관한다.

정흡(靜翕)의 의미는 실로 심오하다. 이제껏 정(靜)해도 화합(和合)하는 戊土의 속성을 제대로 설명해 놓은 교재를 본 일이 없을 정도다. 이것은 戊子가 상하로 상합(相合)하려는 속성과 암장(暗藏)된 戊土의 암합(暗合) 파워가 타간(他干)과는 비교되지 않을 정도로 강렬함을 의미하며 그것으로 격(格)을 이룰 정도다.

戊 戊 丙 丁
午 子 午 未

무계화화격(戊癸火化格)으로 총독(總督)에 이른 명(命)이다. 반면,

丙 戊 丙 丁
辰 寅 午 丑

丑中의 일점(一點) 수기(水氣)는 寅中 戊土로 암합(暗合)되고, 辰中 戊癸 암합(暗合)으로 증발되는 배상(配像)이라, 장님이 되었다.

동벽(動闢)이란 형충(刑沖)으로 개고(開庫)된 戊土 장간(藏干)이 타간(他干)을 간합(干合), 기반(羈絆)하는 작용력으로 이해하면 된다. 다만 팔자(八字)의 원국에서 지지(地支) 土의 형충(刑沖)은 직접적인 파격(破格) 요인이 되지 않고 土의 정상적인 기능을 수행하는 특징이 있다. 이를테면 정관격(正官格)은 월지(月支)의 형충(刑沖)이 곧 파격(破格) 요인이 되지만 토관(土官)은 예외가 된다. 가령 다음과 같은 丑月 壬水의 팔자(八字)에서 수왕(水旺)한데 지지(地支)의 戌 중 戊土는 능히 제방(堤防)의 역할을 수행하고, 丑戌 형(刑)으로 정관격(正官格)의 파격(破格)을 거론할 필요는 없다는 얘기다.

□ 壬 □ □
□ 戌 丑 □

수 왕 물 생　화 조 희 윤
水旺物生, 火燥喜潤,

水가 왕(旺)하면 만물이 생(生)하고, 火가 조열(燥熱)하면 자윤(滋潤)을 기뻐한다.

戊土는 대개 수재(水財)를 만나면 길하다. 다음은 등소평(鄧小平)의 팔자(八字)다.

壬 戊 壬 甲
戌 子 申 辰

무릇 土는 火에 의지하지만 화염토조(火炎土操)는 곤란하기 짝이 없다.

壬 戊 庚 己
子 戌 午 未

午戌 회국(會局)에 壬水가 출간(出干)하여 귀격(貴格)을 이루었다.

약재곤간 파충의정
若在坤艮, 怕沖宜靜.

만약 곤간(坤艮)에 뿌리를 두면 충(沖)을 두려워하고 의당 고요함을 원한다.

팔괘(八卦)의 곤간(坤艮)은 동북(東北)과 남서(南西)의 이귀문(裏鬼門)으로 불길하게 여겼다. 곤방(坤方)에는 丑寅이 배속되고, 간방(艮方)에는 未申이 속하는데 이들의 글자 조합은 모두 충(沖)하거나 귀문(鬼門)이 성립된다. 원시(原詩)가 말하는 곤간(坤艮)을 丑未로 보는 경우가 있는데 토충(土沖)은 붕충(朋沖)으로 격국(格局) 자체를 허물어뜨리는 법이 없다고 했다. 따라서 곤간(坤艮)은 寅申 충(沖)의 흉의(凶意)를 시사하는 것이다. 가령 丑月 戊土가 지지(地支)에 未土를 본다고 해서 귀(貴)를 훼손당하는 직접 요인은 되지 않는다. 반면 寅月 戊土가 申을 보면 일단 파격(破格)의 유형이 되기 쉬우므로 높은 벼슬을 기대하기 어려운 것이다.

□ 戊 甲 戊
□ □ 寅 申

기토비습, 중정축장
己土卑濕, 中正蓄藏,

己土는 낮고 습(濕)하며 치우침이 없어 곧고 바른 기운을 축장(蓄藏)한다.

戊土는 고항(高亢)한 土로 건토(乾土)라 하고, 己土는 전원(田園)의 흙이니 습토(濕土)라 하여 용신(用神)을 취하는 방법이 크게 다르다. 己土는 음습(陰濕)하여 사시(四時)를 막론하고 대개 丙火로 돕는 것을 대지보조(大地普照)라 해서 기뻐한다. 다음은 미국 제16대 대통령 링컨(Abraham Lincoln)의 팔자(八字)다.

癸 己 丙 己
酉 未 寅 巳

불 수 목 성　불 외 수 왕
不愁木盛, 不畏水旺,

木이 성(盛)함을 걱정하지 않고, 水가 왕(旺)함을 두려워하지 않는다.

己土는 동월(冬月)을 제외하고 대개 癸水와 甲木의 재관(財官)을 용(用)하여 귀격(貴格)을 이루기 쉽다. 아래는 프로이트(Sigmund Freud)의 두터운 신임을 얻어 수제자로 인정되었던 융(Carl Gustav Jung)의 팔자(八字)다.

甲 己 癸 乙
戌 丑 未 亥

화 소 화 회　금 다 금 명
火少火晦, 金多金明,

火가 적으면 불이 어두워지고 金이 많은 즉 금이 빛난다.

火가 적으면 丙이 쇠하고, 金이 많으면 庚이 빛을 낸다. 즉 己土는 火와 金이 많을수록 좋으며 상관패인(傷

官佩印) 혹은 인용식상(印用食傷)으로 귀격(貴格)을 이룬다.

庚 己 庚 丁
午 巳 戌 亥

약 요 물 창　의 조 의 방
若要物昌, 宜助宜幇.

만약 물(物)을 창성하게 하려면 조방(助幇)해야 마땅하다.

己土를 왕성하게 하여 생의(生意)를 발(發)하려면 돕고 막아야 한다. 대지보조(大地普照), 경련상배(硬煉相配)의 십간(十干) 조합으로 돕는 것은 丙火, 막는 것은 戊土를 말한다.

戊 己 丙 □
□ □ 子 □

경 금 대 살　강 강 위 최
庚金帶煞, 剛强爲最,

庚金은 살기(殺氣)를 띠며 강강(剛强)하기로는 최고다.

庚金은 강철과 같이 굳세므로 丙丁火의 관살혼잡(官

殺混雜)을 두려워하지 않을 정도다. 보통 추금(秋金)과 동금(冬金)은 丙丁火를 공히 기뻐한다. 이때 丁은 연금(鍊金)하기 위해, 丙은 조후(調喉)로 용(用)하므로 관살(官殺)이 혼잡(混雜)되어야 상격(上格)을 이루게 된다고 보지만, 이는 원래의 성질이 받침이 되기 때문이다. 다음은 엘리자베스 2세(Queen Elizabeth II), 영국 여왕의 팔자(八字)다.

丁 庚 壬 丙
丑 辰 辰 寅

득수이청 득화이예
得水而淸, 得火而銳,

水를 얻으면 맑아지고 火를 얻으면 예리해 진다.

庚金은 壬水를 얻으면 청(淸)해지고, 丁火를 얻으면 날카로워진다. 금수쌍청(金水雙淸)과 화련진금(火煉眞金)은 이를 말한다. 특히 하월(夏月) 군금(群金)은 원무(元武)가 있어야 묘(妙)하므로 壬癸水가 있어야 하고, 추금(秋金)은 예리하면 가장 묘하므로 丁火로 단련(鍛鍊)하면 큰 기물(器物)을 이룬다. 다음의 뉴턴(Isaac Newton)의 명(命)이다.

丁 庚 壬 壬
丑 子 子 午

토윤즉생 토건즉취
土潤則生, 土乾則脆,

土가 윤택하면 생(生)을 얻고 土가 건조하면 취약해진다.

土가 水를 함유하면 金이 생(生)하고, 土가 메마르면 金이 약해져 묻히는 상태가 된다. 土가 金을 낳는 것도 습(濕)이 조(燥)로 변화하는 과정에서 응축된 물질을 이룬 것이다. 양기(陽氣)는 진기(進氣)하므로 건조(乾燥)한 기운이 성할 무렵 취약(脆弱)을 논하게 된다. 십간(十干)의 관계에 국한한다면 己土는 금광(金光)하게 하지만, 건토(乾土) 戊土는 금매(金埋)하기 쉽다. 만일 庚金은 하나밖에 없는데 戊土가 많으면 반드시 매몰되어 하천(下賤)한 명(命)이 되어 게으르고 어리석다.

戊 庚 戊 丙
寅 □ 戌 □

능승갑형 수어을매
能勝甲兄, 輸於乙妹.

갑형(甲兄)은 능히 이겨도 을매(乙妹)에게는 애쓴다.

庚은 甲을 극(剋)하지만, 乙은 극(剋)하지 못하고 합(合)한다. 甲을 형(兄)으로 乙을 매(妹)로 비유한 것은, 甲과 乙이 남매(男妹) 관계로 甲의 입장에서 볼 때 庚은 자신의 적(敵)이었지만, 누이 乙과 결혼하면서 자신을 해치지 않는 상황으로 전개되었음을 의미한다. 즉 가장 긍정적인 탐합망극(貪合忘剋)의 상황으로 '甲, 庚, 乙'의 관계를 들 수 있다. 이를테면 추목(秋木)에 庚金이 출간(出干)하여 신약(身弱)이 지나쳐 죽을 지경에 이르면 이때 乙木이 있어 庚을 합(合)할 때 한결 안전한 명(命)이 된다는 얘기다. 다음은 '조화원약평주'에 안으로는 참정(參政)이요, 밖으로는 태수(太守)의 팔자로 예시된 명(命)이다. 설명하기를, 乙庚 살인(殺刃)이 상합(相合)하여 유정(有情)하고, 丁火가 높이 떠서 비추니 제(制)함을 얻어 추목(秋木)이 성(盛)하니 관살운(官殺運)으로 흘러도 길하다고 묘사했다.

丁 甲 乙 庚
卯 子 酉 寅

신금연약 습윤이청
辛金軟弱, 濕潤而淸,

辛金은 연약(軟弱)하며 습윤(濕潤)하면 청(淸)해진다.

辛金은 壬水 상관(傷官)에 씻겨지는 것을 기뻐한다. 辛과 壬의 도세주옥(淘洗珠玉) 조합은 사시(四時)를 막론하고 언제나 바람직한 관계가 형성되기 쉽다. 취성자(醉醒子)에 이르길, 辛金은 음(陰)에 속하고 마치 수은(水銀)과 진주(珍珠)의 모양과 같아 금백수청(金白水淸)이 되어 순수한 것이 좋다고 했다. 다음은 미국의 여우(女優) 조디 포스터(Jodie Foster)의 팔자(八字)다.

壬 辛 辛 壬
辰 酉 亥 寅

畏土之疊(외토지첩), 樂水之盈(요수지영),

土가 겹쳐지는 것을 두려워하고, 水가 가득 차는 것을 좋아한다.

土의 자부(滋扶)가 지나치면 金이 빛을 잃을 염려가 있다. 이때는 壬水를 용신(用神)으로 삼아 씻어내면 광휘(光輝)가 나타난다. 이를테면 인용상관(印用傷官)으로 성격(成格)되는 경우를 말한다. 아래는 청나라 덕종(德宗)의 명(命)이다.

戊 辛 丁 壬
子 巳 未 申

능부사직 능구생령
能扶社稷, 能救生靈,

능히 사직(社稷)을 떠받치며 능히 생령(生靈)을 구(救)한다.

辛은 丙의 신하로 丙과 합(合)하여 水로 화(化)하면 임금인 丙火의 조상(祖上)인 木을 보호하므로 사직(社稷)을 떠받치는 것이다. 또한 辛의 백성이 되는 甲木을 살리니 생령(生靈)을 구하는 것이다. 다음은 청나라 태종(太宗)의 명(命)이다. '서락오'는 다음의 사주(四柱)를 두고 화기격(化氣格)을 이루나, 甲木이 해궁(亥宮)에 장생(長生)하여 木火의 기(氣)가 움직인다는 다소 난해한 설명을 덧붙이고 있다.

丙 辛 辛 壬
申 亥 亥 辰

열즉희모 한즉희정
熱則喜母, 寒則喜丁.

더운 즉 인수(印綬)를 기뻐하며, 차가운 즉 丁火를 기뻐한다.

하월(夏月) 辛金에 火가 많으면 己土를 얻어 화기(火氣)를 흡수하고 생금(生金)하기를 바란다. 동월(冬月)에는 水가 왕(旺)한데 丁火가 있으면 물을 따듯하게 하니 金을 길러 주기 때문에 丁火를 좋아한다. 열즉희모(熱則喜母)의 인수(印綬)는 습토(濕土)를 거론한 것이고, 한즉희정(寒則喜丁)은 음화(陰火)를 말한 것으로 戊土와 丙火를 꺼리는 내용으로 받아들이기 쉬운데, 꼭 그렇지만은 않다. 辛金이 기뻐하는 십간(十干)은 대체로 '壬水, 丙火, 戊土'의 순(順)으로 정해진다. 동월(冬月) 辛金이 丁 대신 丙을 보면 丙辛이 합(合)하여 한습(寒濕)함이 가중되므로 부득이하게 丁火를 용(用)한다는 설(說)이 있는데, 丙을 보아 귀격(貴格)을 이루는 사례가 더 많다는 점을 염두에 둘 필요가 있다. 일간(日干)이 타간(他干)의 辛金이라면 열즉희기(熱則喜己), 한즉희정(寒則喜丁)이 분명하다. 아무튼 금수상관(金水傷官)은 火를 기뻐하므로 丁火의 상관대살(傷官帶殺) 역시 귀(貴)한 것이다.

□ 辛 丁 □
□ □ 亥 □

임수왕양 능설금기
壬水旺洋, 能洩金氣,

壬水는 왕양(旺洋)하니 능히 금기(金氣)를 설(洩)한다.

'적천수'의 다른 원서(原書)에는 임수왕양(壬水旺洋) 대신 임수통하(壬水通河)로 흐르는 강물과 같이 묘사된 경우가 많다. '임철초'와 '서락오'는 통하(通河)를 천하(天河)를 뜻하는 것으로 보고 은하수(銀河水)로 묘사했다. 윤하(潤下)를 이루면 대개 수재(秀才)로 널리 이름을 떨치기 쉽다.

辛 壬 庚 癸
亥 辰 申 亥

강 중 지 덕　주 류 불 체
剛中之德, 周流不滯,

강(剛)한 가운데 덕(德)이 있으며 주류(周流)하여 막힘이 없다.

서방(西方)의 숙살(肅殺)하는 살기(殺氣)를 설(洩)하고 천지만물을 자랄 수 있게 하므로 강(剛)한 가운데 덕(德)을 지녔다고 한 것이고, 두루 흘러 막힘이 없는 것이다. 다음은 임기용배격(壬騎龍背格)의 잡격(雜格)으로 분류할 수 있는 리콴유(李光耀) 전 싱가포르 총리의 팔자(八字)인데, 강중지덕(剛中之德)의 예로 들기에 적합하다.

壬 壬 辛 癸
寅 辰 酉 亥

통근투계　충천분지
通根透癸, 沖天奔地,

癸水가 통근(通根)하여 투(透)하면 하늘을 찌르고 땅을 내딛는다.

충천분지(沖天奔地)란 물이 범람(氾濫)하여 우환(憂患)이 발생함을 뜻하는 말이다. 만일 지지(地支)에 수국(水局)을 짓고 癸水가 투출(透出)하면 비록 戊己土가 있어도 흐름을 막지 못하고 강제로 막으려 하면 도리어 무서운 수해(水害)를 입게 된다. 이때는 木을 써서 설기(洩氣)해야만 순응(順應)한다. 따라서 대운(大運)이 목향(木鄕)하면 이롭고, 戊己의 관성(官星)을 만나면 왕신(旺神)인 壬水가 격노(激怒)하여 흉화(凶禍)가 발생하기 쉽다. 고서(古書)의 왕자의설불의극(旺者宜洩不宜剋)은 바로 이를 두고 이른 말이다. 무릇 水의 강왕격(强旺格)으로 범람할 태세면 매사 지나칠 때가 있는 것이다. 자조(自造)다.

庚 壬 甲 乙
戌 子 申 巳

화즉유정　종즉상제
化則有情, 從則相濟.

화(化)한 즉 유정(有情)하고, 종(從)한 즉 상제(相濟)한다.

壬이 丁을 합(合)하면 木으로 변해 火를 생(生)하니 丁이 꺼지지 않아 유정(有情)하다고 했다. 또 火土로 종(從)하면 서로가 돕는 공(功)이 나타나는데, 이 대목의 해설은 쉽지 않다. 壬水는 진종(眞從)으로 격(格)을 이루어도 그 자체로 귀격(貴格)을 논하지 않고, 언제나 상제(相濟)의 공(功)을 이룬다고 말할 수 없다. '임철초'는 하월(夏月) 壬水에 火土의 글자가 출간(出干)하고 金水의 도움이 없는 상태라고 한다면 종재격(從財格)이 되거나 종살격(從殺格)이 되어서 서로 화합(化合)한다고 했다. 그런데 壬水가 火土를 많이 보아 고갈(枯渴)되어 종재(從財), 종살(從殺)을 이룬다면 만물(萬物)이 메말라 죽음에 이르기도 하는 것이다. 이를 두고 '서락오'는 종격(從格)을 이루더라도 윤택(潤澤)하고 조화(調和)를 이루어야 수화상제(水火相濟)의 공(功)을 이룰 것이라는 중도적인 관점을 피력했다. '난강망'은 午月 壬水가 지지(地支)에 화국(火局)을 이루고 金水가 전무(全無)하면 재다신약(財多身弱)으로 부옥빈인(富屋貧人)의 팔자(八字)가 되니 종재론(從財論) 자체를 짓지 않는 것으로 설명한다. 더욱이 목다(木多)한데 火는 있고 水가 없으면 승도(僧徒)의 명(命)에 지나지 않는다는 것이다. 다시 말해 午月은 丁火가 영(令)을 잡으므로 양간(陽干) 壬水가 음(陰)을 종(從)하는 법은 없다는 얘기다. 그런데 신취팔법(神趣八法)의 화상절(化象節)에는 午月 壬水가 기명(棄命)하여 오궁(午宮) 丁火를 종(從)한다고 했다. 이 정도면 도무지 종잡을 수 없는 얘기가 된다. 그러나 丁火가 壬水를 합(合)하는 것은 부부(夫婦)와 같아 복상(伏象)이 되는데, 지지(地支) 합국(合局)의 세력에 종(從)하는 유형으로 午月 壬水가 화국(火局)을 보거나 酉月 丙火가 금국(金局)을 보는 것이 복상(伏象)의 전형적인 케이스로 종(從)이 불가(不可)한 게 아니다. 결론적으로 午月 壬水라도 진종(眞從)은 성립된다. 다만 양(陽)이 음(陰)을 종(從)하면 격국(格局)이 순수하지 않으므로 상격(上格)을 논하기가 쉽지 않다. 즉 壬水의 복상(伏象)은 외격(外格)의 순수(純粹)함으로 귀(貴)를 논하는 게 아니라, 최소한 水의 근기(根氣)를 띠어야만 상격(上格)을 이룬다는 얘기다. 다음은 '조화원약평주'에 외교부장(外交部長)의 지위에 오른 것으로 예시된 팔자(八字)로 종재격(從財格)이다.

己 壬 丙 丁
酉 寅 午 亥

계수지약 달어천진
癸水之弱, 達於天津,

癸水는 약(弱)하나 천진(天津)에 달(達)한다.

취성자(醉醒子)에 이르길, 癸水는 음(陰)으로 약(弱)하기 이를 데 없지만, 전부 우로(雨露)에 속하는 것은 아니라고 했다. 우로(雨露)가 모이면 강호(江湖)를 이루는 것이다. 壬癸는 음양(陰陽)인데 하나로 나누어 칼로 자르듯이 나눌 수는 없다. 물이 불을 만나면 훈증(熏蒸)되어 수증기가 되고, 그 수증기가 위로 올라가 구름이 되고 안개가 되며 대기 중에서 냉한 기류(氣流)를 만나면 냉각되어 아래로 내리면 비와 이슬이 된다. 비와 이슬이 모여 강과 호수를 이루니 이렇게 순환되어 끊임없이 돌고 돌아 음양(陰陽)도 수시로 교체(交替)가 되는 것이다. 따라서 癸水가 지지(地支)에 수국(水局)을 보면 대해수(大海水)가 되는 것이다. 더욱이 壬水 마저 출간(出干)하면 윤하격(潤下格)을 이루어 대부대귀(大富大貴)한다. 이를 천진지양(天津地洋)이라 해서 하늘과 바다를 잇는 나루터와 같은 격으로 상서로운 뜻을 지닌다. 癸水는 본성을 잃지 않으면 대개 조화하여 윤택한 공(功)을 이룬다.

壬 癸 壬 丁
子 亥 子 酉

得龍而運(득룡이운), 功化斯神(공화사신),

용(龍)을 얻으면 운(運)하며, 공(功)이 사신(斯神)을 따른다.

용(龍)이란 辰을 말하니, 辰을 보면 화기(化氣)의 원신(原神)이 투출(透出)하는 것은 정해진 이치다. 辰月 癸水가 천간(天干)에 화신(化神) 丙火를 보면 정관용재(正官用財)의 귀격(貴格)을 이룬다.

□ 癸 壬 丙
□ □ 辰 □

不畏火土(불외화토), 不論庚辛(불론경신),

火土를 두려워하지 않고 庚辛을 논하지 않는다.

火土가 많으면 종화(從化)하므로 이를 기피하지 않고, 庚辛의 생부(生扶)에 기대지 않는다. 癸水는 화왕(火旺)하면 종화(從火)하고 토왕(土旺)하면 종토(從土)하니 담는 그릇에 따라 형태가 달라진다. 癸水는 亥子水나 壬水에 의해 왕성(旺盛)해지며 金의 부조(扶助)로 강해지는 법은 없다. 가령 卯月 癸水는 수목상관(水木傷官)을 체(體)로 삼아 목신(木神)이 당왕(當旺)하므로 인수(印綬) 庚辛金을 용(用)하는 것이다. 즉 수원(水源)의 의미가 아닌 木을 파(破)하는 역할을 수행하는 金으로 상관패인(傷官佩印)의 귀격(貴格)을 이룬다.

乙 癸 辛 辛
卯 □ 卯 □

합무견화 화근내진
合戊見火, 化根乃眞.

戊를 합(合)하고 火를 보게 되면 화(化)의 뿌리가 참된 것이다.

戊癸 합화(合化)를 이룬 상황에서 재차 丙丁火를 보게 되면 필시 火로 화(化)하므로 진정한 화격(化格)을

이루는 것이다. 음간(陰干)의 진화(眞化)는 방국(方局)을 짓지 않아도 辰時를 얻어 진상(眞象)을 이룬다. 다음은 '조화원약평주'에 만금(萬金)을 모은 부명(富命)으로 예시된 팔자(八字)다.

丙 癸 戊 己
辰 酉 辰 酉

論地支

陽支動且強, 速達顯災祥.

양지는 동하고 또 강하여 재난과 경사가 빠르게 나타난다.

素庵·註> 子寅辰午申戌, 為陽也, 其性動, 其勢強, 其發至速, 其災祥至顯.

陰支靜且專, 否泰每經年.

음지는 정하고 또 섞이지 않아 때마다 매번 통하지 않고 년을 경과한다.

素庵·註> 丑卯巳未酉亥為陰也, 其性靜, 其氣專, 其發不速, 而否泰之驗每至經年而後見.

生方怕動庫宜開, 敗地逢沖仔細推.

음지의 생방은 동을 두려워하고, 고지는 의당 열려야 하며 패지의 충을 자세히 추리해야 한다.

支神只以沖為重, 刑與穿兮動不動.

지신은 다만 沖을 중하게 여기고, 刑과 破害는 동하는 게 있고 아닌 게 있다.

暗沖暗合尤為喜, 彼沖我沖皆沖起.

암충암합을 또한 기뻐하며 피아의 충 모두 沖起한다.

註> 이것은 虛字의 沖出과 관계가 있는 말이다. 暗神을 合來하여 飛出하는 구조를 말한다. 이를테면

甲 戊 己 戊
寅 寅 未 寅

에서 戊土는 癸水를 飛合하고, 寅은 申을 암충해서 申中壬水를 財로 삼아 巨富를 일구는 것과 같다. 이를 일컬어 三命에서는 飛財라 하고 이것은 '팔자허자론'에서 일관되게 강조하는 飛合飛出의 개념의 하나로 볼 수 있다.

旺者沖衰衰者拔, 衰神沖旺旺者發.

암충암합왕자가 쇠를 충하면 쇠자가 뽑혀나가고, 쇠신이 왕을 충하면 왕자는 발한다.

註> 刑沖會合의 원칙과 실기법은 李修命理에 이르러서야 제 모습을 찾았다고 볼 수 있다. 다음은 命理物象實戰57招에서 沖과 관련된 내용을 인용한 것이다.

육수 - 木金沖絶

寅申沖과 卯酉沖은 木과 金 모두가 絶地에 놓이는 현상으로 나타난다. 沖運에 干支가 결합된 專者는 남고 孤者는 절멸, 이탈한다.

				寅絶
	寅	申	申	

	甲	庚		沖起
	寅		申	

				申絶
	寅	申	寅	

	甲			申絶
	寅	申	寅	

		庚		沖起
	寅	申	寅	

	庚	甲		沖起
	寅		申	

壹拾參招'

坤

戊 庚 辛 丙

寅 申 丑 子

寅絶. 三婚之命이다. 子年에 再婚했다.

壹拾四招'

坤

壬 己 庚 戊

申 卯 申 寅

木絶. 아들을 낳고 남편과 死別하다.

壹拾五招′

坤

壬 甲 戊 甲

申 寅 辰 申

申絶. 離婚하고 생활고에 시달리다. 申金은 辰土로 入庫하여 財官의 합작을 이루는데 申金이 이탈하면 財源이 마른다.

壹拾六招′

坤

丁 乙 己 乙

亥 酉 卯 未

酉絶. 酉金은 年干 乙木을 合貪하고, 離婚했다.

壹拾七招′

坤

庚 戊 丙 己

申 寅 寅 亥

寅木이 旺者로 좀체 이탈되지 않으니 스스로 가출하여 酒店을 차렸다. 亥水酒類*

칠수 - 水火沖絶

巳亥沖과 子午沖은 水와 火가 모두 絶地에 놓이는 현상으로 나타난다. 보통 專者와 孤者의 沖으로 육친이 分離가 나타난다.

壹拾八招′

乾

壬 戊 丁 己

子 午 卯 丑

水火가 모두 專者로 沖運에 離婚하는 경우가 드물다. 午年, 모친이 복부 질환을 겪다. 未年, 모친이 수술하고, 合庫動失로 아내와 離婚하다. 午腹部*

壹拾九招′

坤

丙 庚 癸 甲

子 午 酉 午

자식을 많이 두었지만, 專者의 沖으로 離婚하지 않는다. 衰者끼리의 沖 또한 좀체 離婚을 성립시키지 않는

다. 時殺透支沖惡夫*

貳拾招'

坤

壬 庚 辛 甲

午 子 未 戌

三婚之命. 甲子年에 마지막 離別이다. 午官은 戌未刑의 덫에 치인다.

貳拾壹招'

坤

丙 庚 乙 己

子 午 亥 丑

매 맞고 살다 견딜 수가 없어 甲子年 가출한다. 七殺이 專者로 자신이 나갈 도리밖에 없다.

팔수 - 木金沖墓

丑과 未가 沖하면 金庫와 木庫가 깨지니 먼저 金難,

木難부터 눈여겨보아야 한다.

貳拾貳招'

坤

乙 己 辛 辛

亥 未 卯 丑

夫星入墓다. 토끼가 丑未沖의 덫에 치인 격이다. 甲子年, 不倫이다. 乙丑年, 夫星이 入庫한다. 七殺은 旺者니 수월하게 입고되지 않는다. 辛, 丁, 乙의 칼부림이다. 己我는 살기 위해 亥中 甲木을 合하여 가출한다. 丙寅年, 離婚했다.

貳拾參招'

坤

丁 戊 癸 乙

巳 午 未 丑

假化로 夫星入墓를 면했다. 戊子運에 不化로 丁未年에 乙木이 入墓하니 失離했다.

貳拾四招'

坤

乙 甲 癸 丁

亥 辰 丑 亥

己未年, 丑庫를 沖하여 金難으로 丑中辛金 남편을 잃었다. 辛酉年, 再婚했다. 辛未年, 離別했다.

庫地의 入庫物이 沖出될 때 해당 六神이 干支 專者를 이루지 않으면 필시 疾病이나 分離로 나타난다.

구수 - 水火沖墓

辰과 戌이 沖하면 水庫와 火庫가 열리니 먼저 水難, 火難부터 눈여겨보아야 한다.

貳拾五招'

乾

戊 癸 癸 丙

午 卯 巳 戌

戊辰年, 妻星이 入庫하여 배우자와 死別하다. 旺者入墓太過故凶*

貳拾六招′

乾

丁 癸 戊 甲

巳 丑 辰 戌

丙辰年, 卒하다. 이전에 본처와 離別했다.

貳拾七招′

坤

甲 庚 壬 辛

申 戌 辰 酉

獨身命이다. 戌中丁火는 壬水를 合貪하여 獨守空이다. 衰者入墓得類故吉*

십일수 - 逢沖顯發

辰戌이 沖하면 水火가 入墓한다 했다. 무릇 사맹은 專者를 기뻐하지만 사고는 旺者入墓한다.

	壬	丙		水火入墓
	辰	戌		

庫支가 刑沖을 당해도 發하는 경우가 있다. 土가 透하면 그러하다.

		戊		(土)沖顯
	戌	辰		

參拾招′

乾

戊 甲 己 壬

辰 戌 酉 辰

辰戌이 沖하면 水印이 入庫해도 發財하는 양상으로 나타난다.

chapter 6. 八字入門

論甲子

甲木

甲子日은 욕지浴地로 욕패浴敗의 작용이 가장 강렬하게 나타난다. 子卯刑과 午卯破가 모두 욕浴의 물상物象인데 주거住居의 잦은 이동과 부부의 인연이 바뀔 가능성이 높다. 범선帆船이 연상되는 글자로 활동 무대가 넓은 편. 한편으로는 겨울나무와 같아 추위를 많이 타고, 냉증冷症이나 풍질風疾에 노출되기 쉽다. 그래서 여성의 경우 자연유산自然遺産이나 생리불순生理不順 등의 현상을 겪기 쉬우며, 산후풍産後風을 특히 조심해야 한다. 또한 '큰 집안에 쥐 떼가 모인 형태'로 이 사람은 배우고 가르치는 일이 적성適性에 맞는다.

甲寅日 록지祿地는 丙火를 반기므로 辛未時면 좋다. 이때는 재관財官을 모두 비출比出해서 쓸 수 있다. 이 사람은 대량大樑, 대들보는 그릇이 큰 사람을 말한다.

사상思想이 건전健全하고, 자립심自立心이 있으며, 사사私事로이 행行하지 않는다. 주관主觀이 확고確固하고, 고집固執이 있으며, 가을에 이르러서야 열매를 맺으므로 몇 번의 시행착오試行錯誤를 거쳐 목적지目的地에 도착한다. 간여지동干與支同에 甲, 현침懸針이 둘이니 성적욕구性的欲求가 강强한 가운데 부부夫婦간 서로의 자존심自尊心만 내세우는 격格으로 더러 실패수失敗數가 있고, 여성도 조혼早婚은 실패失敗할 가능성可能性이 높으며 가주家主로서 역할하는 경우가 많다.

甲辰日은 쇠지衰地로 세勢는 강强하나 기氣는 쇠衰하니 재인財印을 지녀 대개 선량善良하다. 丙寅時면 寅에서 戊土 財가 生하여 부귀富貴한 경우가 많다. '나무가 땅에 단단히 뿌리를 내린 형상形象'으로 은근히 자기주장自己主張을 강하게 밀고 나가며, 지지 않으려는 속성이 강하다. 청룡靑龍은 성질이 급하고, 변덕이 심하여 급격한 변화를 겪으며 속성속패速成速敗하는 일이 많다. 또 조화造化를 부리므로 이 사람과 맞서면 피해를 보기 십상이다. 축재蓄財하는 재주가 비상하고, 백호白虎로 처궁妻宮에 화액禍厄이 닥칠 우려가 깊으며 금전적인 문제로 배우자를 고생시키는 경우가 있다. 곤명坤命은 혹 남편男便이 조사早死하여 과부寡婦가 되기도 하는데, 그렇지 않다면 배우자가 무력無力해져 부양扶養하는 공功이 나타난다.

甲午日 사지死地는 午中己土를 비재飛財하나 丙寅時는 불리합니다. 분목焚木되어 나무가 불볕에 말라 죽는 모습이니, 인내심이 부족하고 폭발적인 성향을 드러낼 때가 있습니다. 甲午와 壬子는 홍염紅艶이라 해서 대개 미모美貌와 센스를 타고나며 이성異性으로부터 인기人氣가 많고 자칫 대개 외정外情이 두려운 지경에 이르기도 합니다. 현침懸針이 겹쳐 배우자궁에 근심이 서리고, 다정多情이 병病이라, 내 것 주고도 좋은 소리를 듣지 못할 때가 종종 있습니다. 甲午와 庚子는 상관사궁傷官死宮으로 이 사람은 외견外見이 고고孤高하고 도도하며 언행이 일치하지 않는 경우가 더러 있습니다. 여명女命에는 남편을 추방한다는 뜻이 담겨있어 심할 경우 상부喪夫하게 되고 독수공방獨守空房을 면키 어렵습니다.

甲申日은 절지絶地로 申中壬水가 장생長生이라 살인상생殺印相生의 기미가 있다. '나무를 타는 원숭이'는 다재다능多才多能하고 모사謀事를 즐기므로 조화造化

가 무궁한 가운데 인인성사人因成事의 보람을 만끽한다. 반면 나무에서 떨어지는 수가 있으니 인인실패人因失敗를 경험하기도 하는데, 인내忍耐와 일관성一貫性이 성공의 비결秘訣이라 할 수 있다. 金木이 상쟁相爭하니 두통頭痛 내지 간肝이나 척추 계통에 질환疾患의 우려가 있다. 부부夫婦가 다투는 상象이니 남자男子는 악처惡妻로 고심하고 경청내어傾聽內語하지 않고서는 별다른 뾰족한 수가 없으며, 여성 또한 뜻을 굽히지 않으므로 남편의 학대에도 순응順應하지 않는다.

甲戌日은 양지養地로 재관財官이 투透하면 길吉하지만, 丁火가 투透하면 좋지 않다. 丙寅時면 비관飛官하여 귀하다. 乙木은 묘墓가 되어 기피하고, 甲木을 보면 분록分祿한다. 독산고목禿山枯木으로 이 사람은 홀로 우뚝 서서 지도자指導者의 기상氣象을 나타내고, 창고倉庫에 목재木材를 쌓는 상象이라 이재理財에 밝으니 실업實業을 일으켜 예사롭지 않은 성취를 볼 수 있다. 戌中辛金이 있어 철쇄개금鐵鎖開金이라 하는데, 이것은 언중유골言中有骨인 동시에 의약계醫藥界나 활인업活人業 등에 인연因緣이 있음을 암시한다. 甲과 辛의 현침懸針이 있어 여성은 유산遺産, 낙태落胎 등의 산액

産厄을 면키 어렵다.

乙木

乙丑日은 쇠지衰地로 '진흙 속에서 피어난 연꽃의 상象'으로 목적目的을 향한 상당한 인내심忍耐心이 있다. 간지干支에서 乙. 己. 巳. 丑과 같이 꺾어 쓰는 글자는 곡각曲脚이라 하는데, 이것은 사고事故로 수족手足을 다치거나 배우자配偶者의 신상身上에 수술수手術數를 피하기 어려움을 암시한다. 丑土에는 辛金이라는 칼을 두었으니, 이 사람은 검경계檢警界나 군인軍人, 외과의外科醫, 정육점精肉店 등의 직업과 인연因緣을 맺을 때가 많고, 초지일관初志一貫하여 끝내는 부자富者가 되고 출세出世하는 경우가 많다. 쇠衰는 행정기술行政技術의 별로 글씨도 잘 쓰고 꼼꼼하여 두뇌기술, 학문, 연구, 교사, 회사원, 공무원 등 봉급생활이 적합하고 자영自營이나 투기投機에는 맞지 않으며 종교宗敎와도 관련이 깊다.

乙卯日은 건록建祿으로 庚辰時면 매우 좋다. 맹아萌芽의 상의象意는 부드러움과 근기根氣를 동시에 포괄하는 것으로, 외유내강外柔內剛의 전형이라 할 만하다. 초목草木은 언뜻 연약해 보이나 태풍颱風에도 넘어가는 일이 없다. 은근한 끈기와 상당한 고집固執이 있다. 이런 사람은 대개 밖에서는 다정多情하나 집안에서는 무정無情할 때가 많다. 처덕妻德은 있으나 처궁妻宮이 약해 해로偕老하기 어렵고, 자의字意로 보면 색정色情이 강해 음욕淫慾이 동動할 때가 있다. 여성은 대개 인물人物과 몸매가 좋으며, 인정人情이 많으면서도 독毒한 기질氣質이 있다. 너무 똑똑해서 탈이라는 말을 듣기도 하며, 활동적活動的이다.

乙巳日은 욕지浴地로 이곳에서 재관財官이 생生하니 몸가짐에 절도가 있고 용모容貌가 준수하여 귀한 대접을 받는다. '새를 입에 문 뱀'은 구변口辯이 청산유수靑山流水와 같습니다. 乙木이 뱀, 巳火를 타고 앉았으니, 마치 가지 많은 나무에 바람이 잘 날 없듯 평생平生 분주奔走하고 안정安定되지 않아 주거住居가 불안한 특징이 있다. 이 사람은 대략 언행言行이 가볍고 변화가 많아 한 우물을 파지 못하는 단점이 있다. 만약 팔자八

字의 태세太歲가 신해辛亥나 신미辛未에 해당하면 '땅꾼에게 잡힌 뱀'의 모습이 되어 진대패眞大敗가 되니 횡액橫厄을 당할 염려가 깊다.

乙未日 양지養地는 식재食財가 동궁同宮에 임臨하여 건명乾命은 장모丈母를 봉양奉養하는 경우가 많다. '대지 위의 초목草木'과 같아 발전하는 형상이다. 한편으로는 '사막砂漠의 선인장' 같은 모습으로 삶이 녹록치 않음을 뜻하기도 한다. 乙巳와 乙未. 그리고 己巳는 따로 신병身病이라 하여 늘 몸이 아픈 현상을 겪기 쉽다. 이 사람은 대개 이재理財에 밝아 축재蓄財하고 상속相續의 수혜를 입기도 한다. 팔자八字에 수기水氣가 부족하면 일찍 흰머리가 나거나 목이 타는 인후병咽喉病 등으로 고생하는 수가 있다. 백호白虎는 배우자의 지병持病이나 우환憂患을 암시하는 성분이다.

乙酉日 절지絶地는 의약醫藥, 도살屠殺, 침술鍼術 계통과 유관합니다. '바위틈을 뚫고 자라는 화초花草'는 언뜻 가냘프게 보이지만 속으로 대단히 날카롭고 끈질기며 냉혹한 기질을 품고 있다. 절처봉생絶處逢生이 바로 이런 것이다. 외견外見은 부드럽고 보기에 좋아 대개 미모美貌를 지니며, 내면內面은 금기金氣를 띠어 권위적

權威的이다. 대체로 의리義理가 있으며 한번 결심하면 매진하는 속성이 있다. 편두통偏頭痛을 앓기 쉽고 간肝, 비장脾臟 등이 약하며 치아齒牙도 부실하기 쉬운데, 몸에 큰 수술자국이나 흉터가 있으면 이른바 액땜을 한 셈이 된다. 이전최화利剪摧花의 상象은 한마디로 좌불안석坐不安席의 심경이 되기 쉬움을 암시하고 '곡물과 닭'은 영기靈氣를 띠므로 예감이 잘 맞고 직관이 뛰어나다.

乙亥日은 사지死地로 '바다 위를 떠다니는 나무 조각'의 모습이니 외국外國 생활을 하기도 하며 이민移民을 가는 경우가 종종 있다. 화초花草가 흙을 보지 못하니 종내 '뿌리가 썩어 나무가 죽는 형상形象'이 되므로 대개 분주한 삶을 살아갑니다만 일정한 거처居處를 마련하지 못하고 떠돌기 쉽다. 수경水耕작물과 같이 인성人性은 담백하고 정情이 많으나 타지他地에서 공방수空房數가 있다. 팔자八字에 戌과 亥가 있으면 천문天門이라 해서 철학哲學에 관심을 두고 소질素質을 보일 때가 많은데, 이 사람은 사물事物에 대해 예민銳敏하고, 머리에 번득이는 신묘神妙한 생각이 있다. 무릇 사死의 특징이 그러한 것이다.

丙火

丙子日 태지胎地는 '햇빛이 호수를 비추는 격'으로 화창和暢한 기색氣色이 돌고 밝고 명랑한 사람들이 많다. 그러나 외양내음外陽內陰이라 속으로는 시름이 있다. 정해丁亥와 병자丙子는 음양陰陽의 표리表裏 관계關係로 일종의 영기靈氣가 서리는데, 스스로 마음을 다스릴 줄 알고 성급性急하며 날카로우나 뒤끝은 없다. 보통 화려華麗한 장식품과 보석류를 좋아해서 고가高價의 사치품奢侈品도 망설이지 않고 구매하는 성향이 있는데 이것은 子水에서 생生한 辛金과 합合하려는 욕浴의 운기運氣를 품기 때문이다. 이 사람은 이상理想과 자존심自尊心이 높은 반면 체념滯念도 빠른 특징이 있다. 그것이 태胎의 한계로 볼 수 있다.

丙寅日은 장생長生으로 辛卯時에 나면 귀명貴命이다. '나무에 햇볕이 드는 상象'이니 진취적進取的이고 목화통명木火通明으로 학구열學究熱이 식지 않는다. 이 사람은 지성知性이 돋보이고 교육계敎育界로 진로를 정하면 이름을 얻고 길吉하다. 역마驛馬가 동動하면 먼

곳에 스승을 두고 열심히 오가는 편이다. 얼핏 '성이 난 범'으로 비칠 만큼 명예욕名譽慾이 많고, 겉으로는 강한 수완가手腕家 형型이지만 안으로는 동정심이 많고 종종 침착성沈着性을 잃고 경솔한 언행言行으로 손해를 볼 때가 있다. 고혈압高血壓이나 울화병을 주의할 필요가 있다.

丙午日은 제왕帝旺이요, 일인日刃으로 충沖을 두려워하지 않으나 재충再沖하여 왕旺이 쇠자발衰者拔하는 현상으로 나타나면 두렵지 않을 수가 없다. '정오正午의 태양太陽'이니 가장 높은 자리에 있는 모양인데, 이것은 자아自我가 강強하고 독존적獨尊的인 성향性向을 나타낸다. 이 사람은 염상지상炎上之象으로 대략 호탕하고 쾌활한데, '한참 내달리는 말'과 같아 앞으로 나아갈 줄만 알고 물러서지 않는 태도를 보일 때가 많다. 午火는 음양陰陽이 교차交叉하는 문門이라 대개 상대相對의 마음을 깊이 헤아리는 품성을 갖추고 대인관계에 능수능란能手能爛하다. 만약 팔자八字에 화세火勢가 지나치게 강하여 조후調候를 잃으면 폭군暴君의 기질氣質이 드러난다. 곤명坤命은 차라리 독신獨身이 제격이라 했을 정도니, 부덕夫德은 기대에 미치기 어렵고 여장부

女丈夫 몫을 단단히 할 때가 많다.

丙申日은 병지病地로 임수당령壬水當令이면 월령月令에 유근有根해야 길吉하다. '석양夕陽에 노을이 지는 모습'이니 변하기를 잘 하고 호화롭고 화려한 것을 좋아하며 미식美食을 즐긴다. 申은 火의 역마驛馬이므로 움직여 발전을 도모합니다. 이 사람은 때때로 신경질적이 되기도 하지만 사색적이고 여간해서 속내를 드러내지 않는 예의가 있다. 의리義理가 있고 동정심同情心이 많다. '불이 쇠를 녹여 기물器物을 만드는 상象'이니 재능才能이 많아 오히려 한 곳에 집중하거나. 안주하지 못하는 불안정한 상황을 연출하기 쉽다. 丙日에 申金 재財는 문창재성文昌星財라 금속金屬에 문자文字를 새기는 직업職業과 인연이 있다. 그래서인지 모방模倣에 일가견一家見이 있다. 건명乾命은 재관동림財官同臨으로 총각득자總角得子 혹은 외방外房에 자식子息을 두기 쉽고, 여성女性은 대개 내조內助가 훌륭하다.

丙戌日은 묘지墓地인데 일락서산日落西山에 백호白虎가 겹치니 본인本人이나 배우자配偶者의 身上에 횡래지액橫來之厄이 닥칠 우려가 있다. 여성은 자식子息하나의 불구不具를 면하기 어렵다고 했다. '개가 짖기 시작하는 때'로 책임감이 강하고 희로애락喜怒哀樂의 감정感情 표출이 선명하며, 기복起伏이 있는데 극단적인 기질이 있어 소위 독종毒種이라는 말을 듣기도 한다. 일점 수기水氣가 없어 편고偏枯하므로 외유내허外柔內虛의 상象이라 할 수 있으니 무골호인無骨好人으로 평해질 때가 많다. '태양太陽이 서산西山에 갇힌 상象'이니 스스로 좋은 인연因緣을 물리치고 고독孤獨한 길을 택하며 하는 일에 막힘이 많음을 실감實感하고 열심히 기도祈禱하는 사람들이 많다.

丁火

丁丑日은 묘지墓地인데 丑에서는 식관食官이 쇠묘衰墓하여 곤명坤命은 남편과 자식의 덕德을 기대하기 어렵다. '한낮의 소'는 평생平生 일복이 많으므로 놀고먹을 팔자八字가 아니다. 천성天性이 화로火爐와 같아 기물器物을 만들어 내니 예술적藝術的인 재능才能이 있고 또한 등잔燈盞이니 불을 밝혀 누구에게나 사랑 받고

존경받기를 희망希望한다. 이 사람은 민감敏感하고 직감直感으로 느끼며 인기人氣를 독점하려는 질투심嫉妬心과 자존심自尊心이 남다르다. '땅으로 빛을 흡수吸收하는 격'이니 한없는 욕심慾心에 원 없이 재물을 희롱戲弄해보기도 한다. 백호白虎는 평소에 인정이 많고 사리事理가 분명하다가도, 일단 화가 나면 시비是非를 가리지 못하고 과격過激한 기질氣質을 드러내는 작용력을 암시한다. 형충운刑沖運에 음간陰干은 대개 파상破傷되므로 해당 육친六親과 분리分離될 가능성이 높다.

丁卯日 병지病地는 재관財官이 쇠약衰弱한 자리로 甲木이 당령當令해야 길吉하며 己酉時일 경우 생生을 얻어 총명과인總名過人에 재복財福이 넘친다. '달 속 토끼'는 가깝고 정겨운 이미지로 이 사람은 인정이 많고 명석하지만 한편으로는 질투嫉妬가 심한 다변적인 성품을 지닌 경우가 많다. 분주하고 변화가 많지만 대개 지구력이 강하지 않으므로 용두사미龍頭蛇尾의 결과를 보기 쉽다. 참모參謀가 제격이고, 자성일가自成一家는 어렵다. 어떤 옷을 입어도 잘 어울리는 멋과 센스를 타고나며, 색정色情이 강해 여러 이성異性과 교제하지만 끝내는 헤어져 혼자로 남을 때가 많다. 비뇨기泌尿器 계

통이나 특히 안질眼疾에 유의해야 한다. 눈에 이상이 생기면 심장心臟과 마음의 병病을 얻기 쉽다.

丁巳日 왕지旺地에서 양관陽官은 절지絶地에 드니 대개 부부연夫婦緣은 박薄하고 특히 곤명坤命은 더욱 그러하다. 丁巳, 己巳, 癸亥는 음인陰刃으로 불화손재不和損財하고, 내심 고통이 따른다고 했는데 이 사람은 성격性格이 불과 같고 고집固執이 대단하여 급急하기가 번개 같으니 화를 잘 내나 뒤끝은 없다. 만월滿月, 보름달의 모습이니 솔직담백하고 명랑, 화치華侈한데, 남의 비밀을 지켜주지 못하는 것이 흠欠이 된다. 이것은 상관傷官이 巳에서 힘을 얻기 때문이다. 남의 밑에서 종사하기를 꺼려하는 바는 우두머리 격이기 때문입니다. 여성도 재財에 대한 욕구欲求가 강强하고 대체로 재복財福을 누리며 사회활동社會活動을 하는 경우가 많다. 간여지동干與支同으로 부부간夫婦間에 성격 차이와 의견대립이 심해 불화를 야기하기 쉬운데 이것은 巳에서 戊土 상관傷官이 작동하기 때문인데 보통 만혼晩婚이 좋다.

丁未日은 관대冠帶로 '전봇대 위로 솟은 달'이니 앞길을 밝히는 역할로 유쾌하고 활발活潑하며 희생심犧牲

心이 있어 곧잘 베푸는 성품을 지닌다. 丁未는 자의字意로 볼 때 '짊어서 끌어 모으는 모습'으로 소유욕所有慾과 독립심獨立心이 강하다. 그래서인지 이 사람은 돈을 자신自身이 직접 관리하며 여간해서 제 몫을 빼앗기는 법이 없다. 미未는 현침懸針으로 기예技藝 방면으로 소질이 있다. 대帶는 정신적으로는 미완未完의 상태로 화가 나면 폭악暴惡한 기질氣質을 드러내기도 하는데 이것은 대帶의 독존적獨尊的 성향에 기인하는 것이다. 戊午와 丁未는 정력精力이 절륜絶倫하여 첩妾을 두게 되고, 여성은 알뜰하나 고갈지상枯渴之象으로 기박奇薄할 때가 많다.

丁酉日은 장생長生으로 명월지상明月之象에 일귀日貴니 마음이 순진하고 천진스러워 호감을 사는 편이다. '달밤의 닭'은 예리銳利하고 민첩하다. 한 마디로 호명好命이 되기 쉬우며 어려움을 당했을 때 항상 주위로부터 도움을 받게 되고 금전에 구애를 받는 일이 별로 없다. 이 사람이 해시亥時에 태어나면 야귀夜貴에 양귀兩貴로 미모美貌와 길함이 배가 된다. 丁火는 부드러우나, 酉金은 날카로우니 내심 일도양단一刀兩斷하는 속성도 있다. 좋은 배우자를 맞이하는 암시가 있어 부부연

夫婦緣은 대개 길연吉緣으로 작용한다. 丁日에 辛酉, 금재金財는 귀금속貴金屬, 정밀부속精密附屬, 인쇄印刷, 인장印章, 복사複寫 등의 업종과 연계되는데 관련 분야에서 득재得財하는 경우가 많다.

丁亥日 태지胎地는 일귀日貴이자, 이곳에는 壬水 관官의 건록建祿이 좌坐하므로 좋은 배우자와 인연이 있다. '달이 호수에 비치는 격'이니 사람의 마음을 읽어내는 명석明晳함이 두드러진다. 그래서인지 법조계法曹界 방면에 종사하는 위인들이 많다. 화향火鄕의 주작朱雀은 언변에 능하며, 그릇된 생각을 버리고 올바른 도리道理를 행하려는 기상이 있다. 丁酉, 丁亥. 癸巳, 癸卯는 일귀日貴라 하여 사람됨이 순수하고 용모가 단정하며 오만傲慢하지 않아 복록福祿과 배우자의 덕德이 두터운 경향이 있다. 여성은 자태姿態가 아름다우며 자상하고 간혹 애정愛情문제로 인해 근심이 서리기도 한다.

戊土

戊子日은 태지胎地로 천지합덕天地合德하니 위인이 총명하고 재복財福이 있다. '흙과 물이 배합配合되어 합작된 상象으로 보수적인 성향을 띠며, 암암리暗暗裡리에 화기火氣를 띠는데 이것은 모정母情을 애타게 그리는 성향으로 나타나기 쉽다. 일견 완고頑固한 듯해도 태지胎地로 박력迫力은 약弱해 거부巨富를 이루기는 어렵다. 비재飛財로 미인이 잘 따르고 수완手腕이 좋다. 여자는 팔방미인八方美人에 현모양처賢母良妻 감이지만 戊子를 무자無子라 할 정도로 자식子息과의 인연은 엷다. 화기火氣가 식상食傷 금기金氣를 제制하고, 합合하여 생生의 본분을 잃기 때문이다. 그래서인지 타자양육他子養育하는 경우도 있으며 대개 눈물이 많다.

戊寅日 장생長生은 재식財食이 없어도 부명富命이 많다. 이것은 재財를 비합飛合하는 힘이 강하기 때문이다. 산 호랑이의 용맹勇猛은 자신의 힘을 믿고 과시誇示하는 양상으로 나타나기 쉽다. 대체로 신상身上의 변동변화變動變化가 심한 편으로 원행遠行하는 일이 잦

으며 이로 인한 공방수空房數는 필연인데 역마驛馬가 작용하기 때문이다. 이 사람은 욕심慾心이 많고 개척심開拓心이 강하며 관록官祿이 두텁고 만인萬人의 지도자指導者로 부상浮上하는 사람이 많다. 글자에 음기陰氣가 전혀 없어 '산에 비가 오지 않는 형상'이라 한번 꺾이면 걷잡을 수 없이 허물어지는 수가 있고, 배우자配偶者와 불화를 면키 어려우며 자칫 여난女難을 겪을 수 있다. 여성은 강제强制로 결혼하게 되거나 인부신음因夫呻吟하는 수가 있다.

戊辰日 관대冠帶는 재관財官을 비출飛出하여 쓰므로 길명吉命이 많은 데 대帶는 정신精神의 미완未完으로 배려심이 부족하여 주변에 적을 만들기 쉽다. '태산 속의 진흙'이니 근심과 비밀秘密, 원망怨望의 기운氣運이 서려 있다. 때로 노기怒氣를 드러내고 초조해하거나 불안감을 지니고 있을 때가 많다. 겉으로는 헐벗은 산의 모습이므로 때를 기다려야 하고, 고통苦痛과 시련을 거친 다음에는 위용이 서린 건축물建築物의 상象이 되어 당당해지고 위세가 등등해진다. 이 사람은 대략 우직하고 고집이 있으며 신용이 있다. 甲辰. 乙未. 丙戌. 丁丑. 戊辰. 壬戌. 癸丑 이상의 일곱 간지干支는 白虎라

해서 육친六親의 혈광지사血光之事를 언급할 만큼 흉포凶暴한 의미를 담고 있는데, 부처궁夫妻宮에 화액禍厄이 닥칠 공산이 크다.

戊午日은 왕지旺地에 일인日刃인데 丙午와 달리 형충刑冲을 기忌한다. 戊가 癸를 보면 합화合化하기 때문인데 戊午와 壬子는 그 처妻가 낭비浪費하는 경향이 강하다. 화산火山은 유아독존唯我獨尊의 만심慢心을 품을 때가 있고, 대개 완고하며 융통성은 없는 편이다. 未土를 합合하여 대개 불사佛事에 깊은 관심을 두고, 육친六親이 희소稀少하여 고독하며, 그래서인지 신앙심信仰心이 깊은 편이다. 매사에 꼼꼼하고, 글씨나 그림에 소질이 있으며, 외견은 군자君子지만 앉은 자리가 뜨거워 불안정한 기운氣運이 서린다. 활화活火하면 용溶이 나타나니, 성욕性慾이 강强하여 독신獨身이 힘들고, 대개 미남미녀美男美女와 연緣을 맺기 쉽다. 서書에 이르길 병자丙子와 무오戊午는 음양陰陽이라 해서 음사淫事를 즐기는 경우가 많다 했다.

戊申日은 병지病地인데 식재食財가 유기有氣하여 부명富命이 많다. 광산鑛山이자 천주天廚로 이 사람은 대략 복록福祿이 두텁고 행운이 따르는 편이다. 경經에 이르길 丙申, 丁未, 戊申, 己未, 壬寅, 癸丑은 암록暗祿이라 해서 재물財物에 궁窮함이 없고 숨은 은덕恩德이 있다고 했다. 건명乾命은 현처賢妻를 맞이하여 처덕妻德이 두텁고 애정이 좋으며 부모의 유업遺業을 이어받는 것도 순탄하다. 여성도 또한 식록食祿이 여의하며 활동活動하게 되면 치부致富하는 경우가 많다. 그러나 추산秋山과 서산西山에는 쓸쓸한 기운氣運이 감도니 남편의 외유外遊나 외도外道 등의 연유로 독수공방獨守空房하는 일이 잦다. 요통腰痛이나 담석膽石, 요석尿石 등의 결석結石으로 편치 않을 수가 있다.

戊戌日은 묘지墓地로 괴강魁罡인데 상관대궁傷官帶宮이니 이 사람은 대개 완고頑固하며 책임 의식이 강하고 행동行動이나 마음의 시비是非가 분명하다. 고산高山으로 천문天門이 들어 높은 차원에서 생각하고 종종 속진俗塵을 떠날 생각을 한다. 자상字象으로 창, 과戈의 글자가 두개로 겹치니 과살戈殺이라 하는데, 戊戌이 日時에 있으면 몸에 큰 흉터를 지니게 된다는 암시가 있어 중상重傷이나 중병重病 등으로 인한 수술手術을 받을 때가 많다. '개에게 물리고 몸에 칼이 들어오는 모습'이니 활인活人으로 액厄을 면免해야 하고 그래서인지 가정家庭보다 종교宗教에 더 관심을 기울이는 사람들이 많다.

己土

己丑日 묘지墓地는 '논밭을 가는 소'와 같고 식재食財가 유기有氣하여 근면勤勉하며 평생 궁핍窮乏을 경험하는 일이 드물다. 심지心地가 강직剛直하여 홀로 독행獨行하는 성질이 있으며, 음기陰氣가 강强해 인정이 많다. 음토陰土는 인품에 고지식한 면이 있는 가운데 뒤는 무른 특성特性이 있고, 모성母性을 상징하여 종교宗教, 신앙信仰 등에 관심을 기울인다. 곡각曲脚으로 수족手足에 이상異常이 나타나기 쉬우며, 신경계神經系의 질환疾患을 유의해야 한다. 음토濕土를 일구면 자연 비습肥濕해지므로 여성女性은 성교시性交時에 우는 현상이 나타나고, 간여지동干與支同으로 공방수空房數가 있다. 서書에 이르길, 丑中辛金은 불생육자不生育子라 했는데, 이것은 金의 입묘지入墓地이기 때문이다.

己卯日 병지病地는 甲木이 당령當令한 즉 관계官界에서 입지하는 자가 많고, 乙木이 투透하면 신환身患이나 요절夭折하는 경우가 있다. 들 토끼는 민첩敏捷하고 분방奔放한 기질氣質이 나타난다. 甲子, 甲午, 己卯, 己酉는 진신進神이라 해서 예속되기를 거부拒否하고 자기가 하고 싶은 대로 행동하여 유랑流浪하는 때가 있다. 곡각曲脚과 현침懸針이 겹쳤으니 타인他人을 위해 적덕積德해야 좋은데, 권력權力계통이나 의약업醫藥業, 활인活人 분야에서 활약하는 사람들이 적지 않다. 대개 처궁妻宮에 근심이 서리므로 병약病弱한 아내 혹은 악처惡妻를 두는 수가 있으며, 여성도 재가할 가능성이 높습니다. 위병胃病을 조심해야 한다.

己巳日 왕지旺地는 '뱀이 기어가다 머리를 세운 모습'이라 활동력 면에서 탁월하다. 丁巳와 己巳, 癸亥는 비록 겉으로는 음陰이나 내성內性이 양왕陽旺하여 음인陰刃이라 하는데, 고집불통固執不通, 불요불굴不撓不屈의 의지를 갖고 확신에 차있는 사람들이 많다. 종종 독선獨善으로 흘러 약점이 되기도 한다. 황사黃蛇는 조화가 비상하고 항시 분주다사奔走多事하며 변신에 능하다. 옛말에 乙巳, 乙未, 己巳가 있으면 신병身病을 앓

는다고 했으니 건강에 유의해야 한다. 유지하기가 어렵다. 巳中庚金은 상관생궁傷官生宮으로 불의不義와 타협妥協하는 속성이 내재되어 있는데, 일신에 형액刑厄이 침범侵犯할 우려가 깊다.

己未日 관대冠帶地는 '전답田畓이 메마른 상象'으로 이 사람은 한번 감정感情이 격해지면 앞뒤를 재지 않고 울분鬱憤을 터트려 나중에 번민煩悶하는 경우가 많다. 대帶의 일반적인 경향이 그렇다. 未, 현침懸針은 활인活人의 기氣를 띠어 종교宗教를 가까이하며, 일생 일복이 많아 분주奔走하고, 자신의 일보다 남의 일에 더 많은 신경을 쓰기도 한다. 암록暗祿으로 재물財物의 궁窮함은 찾아보기 힘들다. 밖에서는 무골호인無骨好人이나 집에서는 무뚝뚝하고, 간혹 흉포凶暴한 기질을 드러내며, 외입外入을 잘 한다. 처궁妻宮에 액厄이 있어 이별離別하는 수가 있다. 여성도 부덕夫德을 기대期待하기 어렵고, 바깥에서 활동活動하며 신앙생활信仰生活에 충실한 경우가 많다.

己酉日은 생지生地로 식신食神이 장생長生하니 문창식신文昌食神으로 학문學文을 즐기고, 금속金屬에 문각文刻한다고 했다. '가을건이철의 들판'으로 먹을 것이 많을 때인데, 이곳을 뛰어 다니는 닭은 분주奔走하고 식록食祿이 두터운 것이다. '철근鐵筋으로 지은 튼튼한 건물의 상象'으로 이 사람은 기억력이 뛰어나고 비상非常한 두뇌를 지녀 학업이 우수한 사람이 많다. 己土의 모성母性을 지녀 성품은 후덕한 가운데 내면內面에는 酉金이 작동하여 냉철冷徹한 기운이 감돈다. 남자는 보통 미색美色과 인연을 맺으며 색탐色貪하는 경향이 있는데 酉는 재財의 욕지浴地이기 때문이다. 여성은 내조內助를 잘 하는 유형이나 부덕夫德이 두텁지 않아 한동안 침울沈鬱해질 때가 있고 자식子息에게만 애정을 쏟는 경우가 많다.

己亥日은 태지胎地로 재관財官이 유기有氣하여 길명吉命이 많다. 이 사람은 대체로 재복財福은 따르는 편으로 돈을 잘 쓰는 편이다. 사상思想이 건전健全하나 내심 비밀秘密이 있는 편이고 여행旅行을 좋아한다. 비습比濕한 토양土壤은 일견 명랑해도 속으로는 소심하고 사람을 기피忌避하는 우울증憂鬱症을 보일 때가 더러 있다. 하는 일이 신통하지 않으면 스스로 작파作破하는 충동적인 기질도 있는데, 타니대수陀泥帶水와 같은 불안한 구조이기 때문이다. 몸이 '그물, 해망亥網에 묶인

상象'으로 형액수刑厄數가 동 動하기도 하며 배우자의 부정을 보는 경우가 있고, 여자는 그 남편이 형刑을 당한다는 암시가 강하다.

庚金

庚子日은 사지死地로 침금지상沈金之象이니 이 사람은 외화내빈外華內貧하기 쉽다. 겉은 견고堅固하고 화려華麗할지언정 내면內面은 늘 고독孤獨한 기운氣運을 감돈다. 쥐가 곡장穀倉이 아닌 계곡溪谷에 있으니, 유시무종有始無終의 결과를 보는 경우가 많다. 재財가 욕浴에 들었으니 실증이나 권태를 빨리 느끼는 형으로 뇌봉뇌별雷逢雷別한다 했으니 후할 때는 한 없이 후하지만, 인색吝嗇할 때는 더없이 인색하게 군다. 이 사람은 시비是非를 가리는 예리한 비판력批判力을 지녔으며, 의리義理와 청백淸白한 면에 있어서는 높이 살만하다. 상관사궁傷官死宮이라 하극상下剋上의 기질氣質이 있으며, 이박耳薄으로 정이 많아 보증保證 등으로 손해損害를 볼 때가 더러 있다.

庚寅日은 절지絶地로 절처봉생絶處逢生하니 초곤初困이나 만년晩年에는 길명吉命인 경우가 많다. 백호白虎는 활발 강직하며 경쟁에서 지는 것을 싫어하고 독보獨步하므로 이기심利己心과 독선獨善으로 인해 진실한 유대紐帶 관계는 잘 이루어지지 않는다. 새벽의 별은 곧 빛을 잃게 되므로 용기와 위세가 지나치면 실패失敗를 자초自招하게 되고 변화가 잦으며 파란波蘭을 예고한다. 해외출입海外出入이나 이사移徙하는 일이 많으며, 이 사람은 대략 영리營利하고 수리數理에 밝다. 戊戌과 庚寅은 뇌공타뇌관雷公打腦關이라 해서 자칫 '칼 맞은 범'이 될 수 있으니 교통사고交通事故나 벼락, 전기電氣, 가스, 화재火災 등으로 인한 사고를 조심해야 한다.

庚辰日은 양지養地로 이 사람은 눈치와 재치才致가 있어 사물事物의 처리處理가 빠르고 바로 인정認定을 받지만, 쉽게 좌절挫折하는 경우가 있어 운運이 하강하면 걷잡을 수 없이 내리막을 타기도 한다. 양養은 대개 육친六親과 별거別居내지 이별離別하는 경우로 나타날 때가 많다. 辰과 戌은 천하天河의 강罡과 괴魁로 괴강魁罡에서는 음양陰陽이 절멸絶滅하는 곳이라 했는데

壬辰과 戊戌은 자고自庫에 재財의 쇠지衰地가 되며 庚辰과 庚戌은 辛金과 乙木, 재財의 묘지墓地로 모두 배성配星과는 좋은 관계를 이루지 못한다. 그래서인지 괴강魁罡은 부부夫婦가 참다운 화합和合을 이루기 어렵다. 대개 용색容色이 아름답고, 총명聰明하여 강기剛氣를 드러낸다고 했는데 이것은 살상殺傷이나 辛金의 대궁帶宮에 기인한다.

庚午日은 욕패浴敗로 신약身弱하면 우환憂患이 많다. 백마白馬는 순수와 고귀함의 상징인데, 속진俗塵에서는 원대한 이상理想이 잘 통하지 않는다. 대개 개방적이고 외향적外向的이라 바깥에서는 인정을 받지만, 가정家庭은 등한시하는 경향이 있다. '말이 서쪽 하늘을 바라보는 모습'이라 이 사람은 한가한 중에 엉뚱한 생각을 곧잘 하는 편이다. 오마午馬의 자의字意대로 활동적이고 여행과 주색을 즐기는 성향이 나타난다. 이것은 또한 식신食神이 태지胎地에 놓이기 때문이다. 여명女命에 午火 불침은 하혈下血을 암시하기도 한다. 子午가 충沖이 되면 사死와 욕浴의 물상物象이 포착되므로 불리한 의미를 지닌다.

庚申日은 건록建祿으로 식신食神이 장생長生하니 壬

水가 투透하면 한유寒儒일 경우가 많다. 은성銀星은 자존심自尊心에 상처를 입는 것을 용납지 않고, 임사즉결臨事卽決하며, 한번 방향이 정해지면 틀려도 밀고 나간다. 庚申의 특징은 적극積極, 능수능란能手能爛, 임기응변臨機應變, 완벽주의完璧主義 등으로 요약할 수 있다. 의협심義俠心이 강해 약자의 편에 들어 손해를 보기도 하고, 혁신적인 기질을 함유한다. 부부궁夫婦宮은 대개 불미하여 처를 고생시키거나 이별하는 아픔이 있고, 곤명坤命이라도 권세權勢를 누려야 제격이므로 사회적으로 큰 인물들이 많다. 이 사람은 손재損財와 상신수傷身數를 평생 조심해야 한다.

庚戌日 쇠지衰地는 괴강魁罡인데, 서書에 이르길 "庚辰庚戌 이삼중첩二三重疊하면 괴강격魁罡格으로 호걸豪傑이요, 양명정치사도揚名政治使徒라" 했다. 쇠衰하나 신겁辛劫이 대지帶地로 '모습을 드러낸 금광金鑛'과 같으니 강맹强猛한 심정으로 한 번 결정하면 적극적으로 임해 기어이 성과成果를 내는 저력이 있다. 술戌의 천문天門 속에는 辛金과 丁火가 배합되어 있으니 종교성宗敎星인 동시에 공업성工業星으로 기술技術 계통이나 활인活人 분야에서 활동하고 성공하는 예가 많

다. 한편 '바위에 치인 개의 상象'이 나타나면 구설口舌과 송사訟事, 형액刑厄 등의 화禍를 당할 수 있으므로 조심해야 한다. 곤명坤命은 가히 여걸女傑로 남성들의 심리心理와 활용 면에서 일가견을 지니는데 이것은 관官을 양육養育하기 때문이다.

辛金

辛丑日은 양지養地로 丑에는 辛金이 내장되어 이 글자는 쌍신双辛이 되니, 마치 소뿔과 같아 누군가가 자존심을 건들거나 해치려 하면 몹시 분개하고 복수를 벼른다. 철근鐵筋이 촘촘히 짜진 모습은 신용信用이 있고 근면勤勉하여 어려운 일도 반드시 극복해 내는 남다른 근기根氣를 암시한다. 곡각曲脚과 현침懸針이 겹쳐 배우자궁에 근심이 서리고, 여성은 몇 차례의 낙태落胎를 경험하기 쉽다. 이 사람은 흑백黑白이 분명하고 특유의 아집我執이 있으며 때때로 비관悲觀할 때가 있는데, 대개 육친六親이 건전하지 못한 환경環境에서 성장하면서 나타난 성향이라 할 수 있다.

辛卯日은 絶地로 백토白兎는 주변을 경계하는 조심성이 지나치게 많아 스스로 불편해지기 쉬우나 성격은 담백하고 재물을 착실히 모으는 편이다. 자칫 욕심을 품으면 침착성을 잃어 '낫에 베인 풀'처럼 중단수中斷數가 나타나, 일의 진행에 차질을 빚거나 학업을 포기하는 경우가 있다. 천지불합天地不合하는 상象이라 풍파風波가 따른다. 현침懸針은 활인하고 적덕積德해야 자신과 육친의 신상에 닥칠 화액禍厄을 면하게 된다. 이 사람은 대개 기술技術에 소질素質이 있으므로 의사醫師나 기술자技術者, 생산직生産職 등에서 성공하고 인정받을 수 있다. 여성은 부군작첩夫君作妾으로 인해 마음고생을 하는 수가 있다. 卯는 관官의 욕지浴地이기 때문이다.

辛巳日은 사지死地로 戊子時면 조양朝陽으로 길격吉格이다. '금이 불에 녹아 물이 되는 형상'이니 겉으로는 강기剛氣가 나타나도 실제로는 상당히 여린 구석이 있다. 이렇게 금기金氣가 무력해지면 폐결핵肺結核이나 호흡기呼吸器, 허리, 치아 등에 통증痛症이 생길 우려가 있다. 丙子, 丁亥, 辛巳는 水火가 상조相照하므로 천록天緣이라 했으니, 많은 사람의 도움과 신뢰를 받아 행복한 경우가 많다고 했다. 백사白蛇는 영물靈物로 사물事物을 보는 눈이 냉철하고 높은 이상을 품지만 속으로는 엉큼한 기질氣質을 품는다. 한편 '머리가 찍힌 뱀의 형상'이라 권력權力을 행사하지 않으면 관재官災를 당하거나 사고수事故數가 있다.

辛未日은 쇠지衰地인데 건명乾命은 재관동림財官同臨으로 혼전득자婚前得子하기 쉽다. '해질 무렵의 양'이니 적적한 기운이 감돌고 육친六親이 소원疏遠한 경우가 많다. 또 '밭에 서 있는 허수아비'의 모습과 같아 대체로 순박하고 겸손하며 남의 말을 잘 믿는데, 한 번 마음이 틀어지면 끝까지 풀리지 않는 굳게 버티는 성미가 있다. 甲申, 甲午, 辛卯, 辛未는 글자의 모양이 예리한 침針과 같아 이를 현침懸이라 하는데 보통 정밀精密한 작업이나 서예書藝 등에 소질을 보일 때가 많다. 여자는 정부情夫를 두는 수가 있다. 이것은 관官이 입묘入墓하는 곳이 살殺의 양지養地가 되기 때문이다. 한편 음식 솜씨가 뛰어난데, 특히 글자에서 연상되는 모습대로 적炙, 꼬치나 튀김요리를 잘 만든다.

辛酉日은 록지祿地로 내성內性이 차갑고 고지식하며,

소란스러운 것을 기피하고, 평온한 환경을 찾는다. 사금대沙金袋의 모습으로 석류石榴를 닮았으니, 가시로 변하는 짧은 가지와 같아 신경이 매우 날카롭고, 번민과 상념에 잠긴 사람들이 많습니다. 乙卯와 辛酉의 고집固執은 꺾기가 어렵다. 처덕妻德은 있으나 처궁妻宮이 약해 해로하기 어렵고, 자의字意로 보면 색정色情이 있어 음욕淫慾이 동動할 때가 있다. 辛의 욕지浴地는 亥인데 亥가 동動하여 酉와 겹치면 라망羅網의 흉의가 나타나므로 구속, 감금監禁의 우려가 있다. 여성은 미모美貌임에도 남편의 사랑을 받지 못해 한限이 맺히며, 쌍신双辛으로 타인他人을 위해 적덕積德해야 신액身厄을 면한다. 이러한 현상은 丙火 관官이 사궁死宮에 임臨하기 때문이다.

辛亥日은 욕지浴地로 도세주옥陶洗珠玉에 금여金與를 더하니 이 사람은 피부가 희고 고우며 전체적으로 용모容貌가 아름답고 지혜智慧가 있다. 특히 문예文藝 방면에 조예가 깊은 사람들이 많다. 대체로 능변能辯에 사리분별事理分別이 정확하고 매사 적응이 빠르며 다정多情하다가도 간혹 냉정한 태도로 돌변 할 때가 있다. 종종 승부욕을 드러내며 亥中 甲木의 현침懸針이 더해

반론反論을 제기하는 상대는 적敵으로 규정해 제압하려는 속성이 강렬하다. 다만 亥水에는 금기金氣가 없어 辛金이 물에 잠기므로 유시무종有始無終, 자모자패自謀自敗하는 경우가 많다. 이것은 곧 욕패浴敗의 특징이라 할 수 있다.

壬水

壬子日은 왕지旺地로 일인日刃이니 충沖을 두려워하지 않는다. 丙午, 戊午, 壬子는 왕기旺氣를 띠니 안하무인眼下無人하고, 교만驕慢한 처세로 적敵을 만들기 쉬우며, 영웅적英雄的인 기질과 수완으로 속성속패速成速敗하는 가운데 생살대권生殺大權을 쥐기도 한다. 丙午와 달리 壬子는 비사교적非社交的인 반면 '바다가 만물萬物을 감싸는 형상'과 같이 도량度量이 넓다. 천지天地가 물이니 의혹이 많고 사람을 잘 믿지 않는다. 성업하면 문전성시門前成市요, 패망敗亡하면 사면초과四面楚歌의 비애를 맛보게 되는 것이다. 이 사람은 대략 외부내빈外富內貧에 일득삼실一得三失하기 쉽다. 홍염紅艶으로 이성에게 인기가 좋으며 곤명坤命 또한 여장부女丈夫로 봉사하는 삶의 유형이 많다.

壬寅日 병지病地에는 재관財官이 생生하여 배우자의 덕德이 두터운 편이나, 공망空亡되어 여명女命은 독수공방獨守空房, 수심愁心이 있다. '물가에 나타난 호랑이'는 수기水氣가 유동流動하여 지혜智慧와 영감靈感이 뛰어나다. 戊申, 己酉, 壬寅, 癸卯는 천주天廚라 해서 평생 의식衣食이 풍부하다. 사람이 많이 따르고 인정人情이 있다. 밤 호랑이는 간혹 얕은꾀를 써서 자신의 이익만을 챙기려는 태도態度를 보일 때가 있다. 대체로 이 사람은 큰일을 만나도 태연자약泰然自若하며 부지런해서 여성도 가장家長 역할을 하기 쉽다. 대개 노랑老郎 아니면 유랑幼郎과 인연因緣을 맺기 쉬운데, 병지病地로 감정의 잦은 기복으로 우울할 때가 많다. 음식飮食 솜씨는 六甲 중에 선두를 다툰다.

壬辰日 묘지墓地는 괴강魁罡으로 상관대궁傷官帶宮이라 할 말을 참지 못한다. 壬辰이 겹치면 괴강격魁罡格으로 길명吉命이나 재관형충財官刑冲을 크게 기피한다. 수룡水龍은 변화무쌍變化無雙하여 재주가 넘치며

속전속결速戰速決하는 쾌거를 이루지만 물을 벗어나 하늘로 오르지 못하므로 성업成業이 오래가지 않는다. 속단하여 일을 크게 벌이면 후회하는 일이 많다. 이 사람은 대개 인내심忍耐心과 자신감自信感이 강하고 리더십이 있지만, 독선기신獨善其身하므로 화합하지 못해 외화내곤外華內困이 되기 십상이다. 처덕妻德은 보나 처궁妻宮은 부실하여 해로하기는 쉽지 않고, 곤명坤命은 원래가 과부지상寡婦之象으로 고독孤獨을 실감하게 된다.

壬午日은 태지胎地로 록마동향祿馬同鄕에 천지합덕天地合德이라, 재관財官이 유기有氣하므로 보통 길명吉命이다. '호수湖水에 잠긴 달빛'이라 다정다감多情多感하며 일생을 통해 노력 이외의 복록福祿과 행운行運이 따르는 편이다. 한편 '어둠과 밝음이 혼재混在된 상象'이니 비밀秘密과 능청스러운 면모를 지니기도 하는데 이 사람은 호색好色하여 간혹 풍파風波를 겪어도 부부夫婦는 길연으로 아름다운 배우자를 사랑해서 이별離別하는 경우는 드물다. 묘운卯運에는 재살財殺이 패욕敗浴이라 주색酒色으로 인해 패가망신敗家亡身에 이르는 수가 있는데 이때는 마약류痲藥類와 관련될 때가 있다. 흑마黑馬는 심신이 분주한 가운데서도 안락함을 희구하며 신체와 관련이 깊은 업종에 종사從事하는 사람들이 적지 않는다.

壬申日은 생지生地로 '물이 샘솟는 바위'의 모습이니 광천鑛泉은 언변이 능숙하고 설득력이 뛰어나 교육敎育, 의약醫藥, 종교宗敎 계통에서 두각을 드러낼 수 있다. 원류源流가 풍후하니 오랜 가뭄에도 마르지 않아 여력을 지니고, 어떤 환경에도 잘 적응하며 활발活潑하고 포용력이 있다. 그러므로 자연 만인의 신망을 얻는다. 활인活人의 기운氣運이 서려 타행他鄕에서, 해외海外에서 활동하고 득명得名하는 경우가 많다. 이 사람은 인정이 넘치는 가운데 속으로는 냉담한 기운을 품고 있다. 외화내곤外華內困으로 겉으로는 드러나지 않는 내면內面의 고苦가 있다. 申에서 財官은 욕궁浴宮에 들기 때문이다.

壬戌日 관대冠帶는 재관유기財官有氣하고 일덕日德이라, 丑辰이 재고財庫의 열쇠라 할 수 있다. 석유石油나 지하수地下水의 물상物象으로 중생衆生을 계도啓導하는 기질을 품고 인정이 두텁다. 戌土, 천문天門은 고통을 입을수록 영감靈感이 발달하는 특징이 있는데 이

사람은 직감直感이나 예감豫感이 빠르고, 상대의 마음을 잘 파악하며 꿈이 잘 맞는다. 丁丑, 丁未, 壬辰, 壬戌은 퇴신退身으로 가치관이 일반과 약간 다르며, 자신을 뽐내는 성질이 있다. 백호白虎에 丁火와 辛金이 있으면 '칼춤을 추는 무당巫堂'과 같아 분별없이 막 나가는 면모를 보일 때가 있는데, 丁丑과 壬戌이 그러하다. 곤명坤命의 배우자는 권력權力계통에 종사하지 않는 한 무능無能하기 쉽다.

癸水

癸丑日 관대冠帶는 '마르지 않는 니토泥土'로 음기陰氣를 품어 일도정진一道精進하는 끈기와 집념을 보이는데 일종의 오기傲氣를 품어 고독孤獨한 경우가 많다. 경쟁 국면에서는 장애가 되는 요인을 제거해 버리는 잔인한 일면을 지니고 있다. 당장은 캄캄한 곳의 진창 속에 서 있는 형국이나 끝내 굴레를 벗어나는 호걸豪傑의 기상이 서려 있다. 백호白虎로 처궁妻宮은 불미한 편이

니 아내가 비관悲觀하는 일이 생기며 여성은 남편男便과 생사이별生死離別의 아픔을 겪는다. 재혼再婚이나 소실小室이 되는 경우도 적지 않다. 반면 암록暗祿의 작용作用으로 어려울 때 주변의 원조援助가 따르고 종내는 음덕陰德을 쌓아 편안해진다.

癸卯日은 생지生地로 식신귀인食神貴人이라 길명吉命이 많다. 한 마디로 '초목草木이 물을 만난 격'이니 운기運氣가 화창和暢하다. 이것은 마치 산과 들에 풀이 자라니 토끼에게 의식衣食이 풍족해지는 것과 같다. 이 사람은 영리하고 재주가 있으며 오기 傲氣를 찾아볼 수 없고 인심이 두텁다. 드물게 예리한 음기가 발동하면 사납게 돌변突變하는 수가 있다. 대개 사물의 이치를 빨리 깨닫고 창의력創意力이 풍부하여 묘기백출妙技百出한다. 처덕妻德이 있어 아름다운 양처良妻와 인연을 맺으나 해로偕老하기는 쉽지 않은데 이것은 재관財官이 욕패浴敗에 있기 때문이다. 여성은 일귀日貴로 누구나 좋아하는 인상에 호감을 사는 형이 많다. 다만 산후통産後痛이나 자식궁子息宮에 근심이 나타날 수 있다.

癸巳日은 태지胎地로 일귀日貴라, 丁巳時면 길명吉命이다. '겨울의 태양太陽'은 본래 귀貴한 것이다. 또

‘밤하늘에 빛’이 나니 잘못을 알면 즉시 고치고 연구하여 교정矯正하는 성미가 있다. 바쁘고 일이 많은 가운데 재財가 있고, 권위權威와 명예名譽에 대한 貪心이 강하여 권력을 지향하는 속성이 있다. 음양陰陽이 조화調和되어 이해심理解心이 깊으면서도 水火가 교전交戰하여 조급早急하고 변덕이 있다. 천성은 귀인貴人을 놓아 순수하고 총명하며 처덕이 두터운데 이것은 록마동향祿馬同鄕, 재관財官이 건록建祿이라 인명人命의 지복至福을 상징하는 것이다. 여성도 또한 왕성한 사회적 활동을 하는 경우가 많다.

癸未日은 묘지墓地로 ‘전답田畓에 비가 내린 격’이니 식록食祿이 족足하고 일을 시작始作하기만 하면 뒷일이 잘 풀리므로 소기의 성과를 내는 장점長點이 있다. 그러나 묘운墓運은 망설이거나 추진력推進力이 부족不足하므로 대개의 경우 중단수中斷數가 나타난다. 이것은 나름의 특별한 고집이 변덕變德으로 작용하기 때문인데, 항시 경거망동輕擧妄動을 경계警戒해야 한다. ‘비를 맞는 양의 상象’은 마치 다정多情이 병病이 되는 것과 같아 배우자와 의기투합意氣投合이 잘되지 않으며 차라리 공방空房이 편할 정도다. 재관財官이 쇠지衰地로 육친

六親과 소원疏遠해지는 경향이 있고, 여성은 첩이나 후처後妻가 될 때가 많다. 관官은 쇠衰하고, 살殺은 대帶하기 때문이다.

癸酉日은 병지病地로 '술을 담은 항아리'는 색정色情으로 인한 곤란을 예고하고, '닭이 비에 젖은 모습'은 신장腎臟에 병病이 들면 치유治癒가 어렵다는 점을 암시하는 것이다. 이 사람은 대개 깔끔하고 미모美貌를 지녔으며, 영리하고 암기력이 뛰어나다. 때론 결백한 성품이 고립孤立을 자초自招하기도 한다. 재관사궁財官死宮이라 세속의 탐욕과는 거리가 먼 삶을 지향하는 경우가 많다. '산사山寺의 샘터나 계곡溪谷'의 형태를 띠고 있어 고적孤寂한 기운이 감돌고 이상향理想鄉을 꿈꾸기도 한다. 乙丑과 癸酉는 금신金神을 내포하여, 세운 뜻을 끝까지 밀고 나가는 저력이 있는 한편 수술수手術數가 있다. 여자는 대개 부인병婦人病을 경험하게 된다.

癸亥日 왕지旺地는 '바다에 물이 가득하여 마르지 않는 형상形象'으로 앞날을 예지하는 혜안慧眼이 있다. 천문天門으로 머리가 비상하기로는 辛亥와 癸亥가 앞을 다툰다. 내강內剛의 음인陰刃이나 수양修養이 되어 어디를 가나 환대를 받는다. 이 사람은 망망대해茫茫大海

로 무한한 잠재력이 있으며, 세계적인 인물로 부상하는 경우가 있다. 겉으로는 만사태평萬事太平인 듯해도 속으로는 천재적인天才的인 두뇌가 작동하는 것은 상관생궁傷官生宮에 연유한다. 건명乾命은 공公을 중시하여 가정에 소홀한 면이 있으나, 부창부수夫唱婦隨하므로 별다른 문제가 없지만, 여성의 경우에는 부덕夫德이 박薄하고 혹 외정外情의 우려가 있다.

論地支

1. 子水

子에서 甲이 욕패浴敗하고 庚이 사지死地인데 午가 충沖하면 甲庚은 사운死運에 든다. 子에서는 辛이 생生하여 丙이 子를 보면 辛과 합合하여 잉태孕胎의 기운을 품으니 子는 丙의 함지咸池와 다름없다. 丁과 己

는 子에서 절지絶地에 드니 이것은 午生도 마찬가지다. 丙戊는 子에서 절처봉생絶處逢生하니 辛癸가 子를 보면 록마祿馬를 얻는 의미가 있다. 子에서는 辛이 생生하므로 甲은 관官을 얻고, 乙은 살殺의 위협을 받으니 乙이 子에서 병病드는 것은 대개 상해傷害로 나타나기 쉽다.

子水는 차가운 기운이 지하의 따뜻한 열기를 동반하여 비로소 일양一陽이 시생始生하는 동지冬至의 계절을 형성한다. 쥐는 춘하추절春夏秋節에 출입出入하고, 동절冬節에 입고入庫하니 이것이 子가 丑에 입묘入墓하는 이치다. 그래서인지 여름철에 태어나면 근면성실하고 기지를 발휘하여 자식 번성에 힘을 쓰나 겨울철에 출생하면 활동에 장애요, 쾌락과 낙천성으로 흐르기 쉽다. 반음반양半陰半陽은 불굴의 투지력과 새 출발의 기상이 있으니 새로운 것을 추구하고 독특한 개성과 야성미를 발휘하는 반면 교만한 성격과 타인을 업신여기는 기질을 품게 되어 이중인격의 소유자가 많은 편이다. 전후前後가 다르므로 하나의 진로로 매진하기 어려우며 수차 직업을 바꾸게 되는데 본인의 적성에 맞는 직업을 선택하여 근면성실하게 장기간 유지하면 대부분 성공할 확률은 높다. 子水는 위는 양陽이요, 아래는 음陰으로 되어 있어 계곡의 물인데 많으면 큰 강물이 된다. 子生이 亥水를 보면 문장가文章家라 하는데 亥時에 나면 문학 방면에 뛰어나다. 子生이 未時에 출생하면 원진怨嗔인데 묘지墓地로 사死한다. 子가 酉를 보면 파破요, 병지病地로 대개 교정수술矯正手術을 하게 된다. 자성子性으로는 총기聰氣, 지혜智慧, 기억력, 냉정冷情, 경거망동輕擧妄動 등을 들 수 있다.

2. 丑土

丑은 金이 입묘入墓하는 자리로 火 일간日干의 재財는 입고入庫되는 현상(損財, 病患)을 보기 쉽다. 이때 재財는 정편正偏을 가릴 필요가 없으므로 음양간陰陽干을 따로 적용하지 않고, 오행五行으로 살핀다. 癸가 丑을 보면 대帶에 해당되고, 상관傷官 甲木 또한 대궁帶宮에 속하므로 일종의 오기傲氣를 품어 고독孤獨하기 십상이다. 丑에서는 丙戊가 배양培養되므로 辛癸가 丑

을 보면 록마祿馬를 얻는 길의吉意가 나타난다. 丑土는 팔자八字 원국元局에서 己土의 양養이 되는 戌이나 대帶가 되는 未로 개고開庫해야 장간물藏干物이 유용有用해지고, 쇠衰가 되는 辰은 무용無用이다.

丑土는 음陰으로 동결凍結되니 만물을 생生하지 못한다. 소는 체구는 비대하고 행동은 느리며 침묵하고 입은 쉴 새 없고 근면성실한데, 먹기를 좋아하고 순종합니다. 어떠한 곤경과 시련에도 이겨내는 투지력이 있으며 매사에 시종일관始終一貫하여 대망의 뜻을 달성한다. 대개 고집固執과 자만自慢의 성정性情으로 나타난다. 丙丁日生 여명女命은 丑土가 식상食傷으로 자식子息이지만 동토凍土로 자식子息이 되지 못한다. 水日 여명女命에 丑土는 관官이나 남편구실男便口實을 못한다. 남명男命에 甲乙日干이 丑을 보면 丑土가 재財로 처妻가 되는데 처구실妻口實하기가 쉽지 않다. 건강健康이 좋지 않고, 자식도 정상이 아니다. 그래서 丑은 己土의 양養이 되는 戌이나 대帶의 未로 두들겨 열어야만 남편이나 자식이 유력해진다. 다시 말해 丑土는 조후調候를 배합하지 않으면 만물불생萬物不生으로 그치고 만다는 뜻이다. 丙丁日干 건명乾命에 丑中癸水는 戌土

가 개고開庫하면 자식子息이 가능하다. 丑月은 동결凍結된 계절季節이나 이양二陽의 기氣가 있으니 火를 보기만 하면 생의生意를 갖게 된다. 丑과 午는 원진怨嗔으로 우마상쟁牛馬相爭이라, 외상外傷에 불과하다. 축술형丑戌刑은 신장腎臟과 위장胃腸의 수술手術을 암시한다. 丑戌未 삼형三刑은 친교親交간의 배은背恩을 나타낸다.

3. 寅木

寅에서는 丙戊가 생生하여 수명水命이 寅을 보면 역마驛馬가 되어 분주히 움직이며 발복發福할 가능성이 높다. 丁己는 寅에서 사死하니 申의 욕궁欲宮과 충沖하는 것을 두려워합니다. 庚은 寅에서 절絶하지만 寅中丙戊가 생生하여 살인상생殺印相生한다. 甲庚의 寅申沖은 록祿을 파괴하여 절絶의 흉의가 나타나므로 불리하다. 丙戊의 寅申沖은 생生과 마馬의 충沖으로 발전적인 변화를 암시한다.

寅木은 삼양三陽으로 만물의 번성기라 연演이라 하는데 丙戊가 장생長生하니 간산艮山 황곡黃谷에 대호大虎가 있는 상象으로 위권威權이 있다. 寅生이 戊辰時에 태어나면 "호소산곡虎嘯山谷하니, 위명만리威名萬里"라 했다. 寅은 호虎지만, 통변通辯에서는 우마차牛馬車에 농장農場으로 추리한다. 寅巳刑은 심장혈질心臟血疾이요, 장환고질長患痼疾이다. 寅午戌은 삼대三代를 뜻하는데 寅은 조祖요, 午는 모母, 戌은 子로서 寅은 午를 생生하고 사지死地요, 午는 戌을 生하고 입묘入墓하는 것이다. 寅은 酉를 보면 원진怨嗔인데, 계명鷄鳴이면 활동장해活動障害로 싫어한다. 寅이 亥를 보면 合하기도 하지만, 파력破力이 강하다. 亥水는 寅에서 생生하는 丙戊, 식재食財의 절지絶地이기 때문이다.

4. 卯木

辛이 卯를 보면 절지絶地에 들고, 상관사궁傷官死宮

에 관官은 욕패浴敗라 곤명坤命이 괴로운 것이다. 丙戊일간日干은 대개 욕浴과 사死의 卯와 酉를 꺼린다. 壬이 卯를 보면 사궁死宮에 들고 이곳에서는 재관財官이 욕패浴敗하니 축수도화逐水桃花의 흉조가 나타나기 쉽다. 丁己는 卯에서 병病이 드니 심장心臟과 위장胃腸, 안질眼疾로 고생하는 수가 있다.

卯木은 하늘에서는 풍風이고, 땅에서는 초목草木이다. 卯木은 酉月에 엽락고사葉落枯死하니 절지絶地에 들고, 巳火는 열로熱爐가 되어 패욕지敗浴地가 된다. 火庫인 戌土에 입묘入墓한다. 卯月에는 만초목萬草木이 왕성旺盛하고 辰月은 만화방창萬花芳暢으로 봉접蜂蝶이 날아든다. 卯는 辰과 해害가 되고 진궁辰宮을 움직여 뇌성雷聲을 내니 뇌문雷門이라고 한다. 寅辰의 상문喪門은 공협拱挾된 卯가 辰을 해害하는 작용에서 비롯된다. 卯가 子를 보면 형刑이 병病이 되는데 이것은 子에서 생生하는 辛金이 두렵기 때문이고, 申을 보면 원진怨嗔인데 을경암합乙庚暗合하고 지엽枝葉이 상傷하기 때문이다. 亥卯合은 乙木과 壬水가 사지死地라 수왕水旺이면 乙木이 부목浮木되고 목왕木旺하면 해수亥水가 사死한다. 卯가 午를 보면 파破가 되는데, 색정

色情의 물상物象으로 남자는 처를 극剋하고, 여자는 음천지명淫賤之命이 되기 쉽다.

5. 辰土

辰은 土水의 고장지庫藏地로 일간日干 木의 재고財庫, 火의 관고官庫, 土의 자고自庫와 재고財庫, 水의 자고自庫와 관고官庫가 되니 복잡다단한 현상을 암시한다. 특히 수고水庫를 여는 戌沖이 야기하는 다양한 물상物象의 나들이는 세심한 관찰이 요구된다. 丙丁이 壬辰을 보면 부성입묘夫星入墓다. 부성입묘夫星入墓에 부성夫星이 유년流年에서 절지絶地에 들면 상부喪夫의 우려가 깊다. 辰에서 양陽이 쇠衰하면 음陰이 대帶하고, 陽이 양養에 들면 음陰이 묘墓에 드는데, 이것은 초혼初婚과 다른 재혼再婚의 양상을 의미한다.

辛이 辰에 입묘入墓하는 것은 辰酉合으로 酉金이 辰에 입고入庫하는 현상을 나타낸다. 辰土는 오양五陽으로 만물이 이에 의지하여 배양, 성장되니 辰土는 일단 戊土의 충沖을 원한다. 辰에서는 壬水가 입묘入墓하는데 癸水는 배양培養되니 음양기陰陽氣의 교체交替와 같다. 용龍은 실체난견實體難見이요, 잠수비천潛水飛天하니 변화무궁變化無窮이라, 辰에서는 물진物盡하고 양육養育하니 진震에 비유된다. 辰은 일단 수왕水旺해야 길명吉命이 될 가능성이 높으므로 子나 申을 보면 대개 좋다. 日時에 辰巳가 들면 지망地網이 되어 중도장애中途障碍에 여명女命은 고독지명孤獨之命이 되기 쉽다. 戊亥 천라天羅로 고독孤獨을 주도主導하고, 귀인불임貴人不臨하여 과숙寡宿이다. 辰辰은 형刑이 되어 수일水溢하니 수해水害를 암시한다. 丑을 보면 파破가 되어 수리修理, 이동移動, 교정矯正 등의 현상으로 나타난다. 辰亥는 원진怨嗔으로 亥水는 辰에 입고入庫한다. 丙丁일간日干 여명女命에 亥水가 남편으로 辰이 근접近接하면 사별死別할 우려가 있고, 혹 복상사腹上死하는 수가 있다. 辰酉는 합合이나 酉金은 辰에 입고入庫된다. 辰은 壬水와 辛金의 묘墓이기 때문이다.

6. 巳火

巳는 火土의 록왕지祿旺地고, 水의 포태지胞胎地다. 巳에서 乙은 욕浴, 辛은 사死가 되므로 乙辛은 대개 巳亥沖을 매우 꺼린다. 甲은 巳에서 식재食財가 유기有氣하고, 庚은 관인官印이 유용有用하니 甲庚은 巳亥에서 역마驛馬가 동動하여 발전한다. 戊己가 巳를 보면 수재水財가 힘을 잃어 재복財福이 약하다. 巳申刑이 두려운 것은 甲木이 절지絶地로 향하기 때문이다.

巳火는 庚金의 장생지長生地고 戌土에 입묘入墓한다. 火土의 戌은 묘지墓地나, 본가本家와도 같으므로 육체적으로는 평안平安을 얻는 상황이다. 뱀은 동월冬月에 나면 동사凍死할 우려가 있어 길명吉命이 되기 어렵다. 巳生이 辰時에 나면 뱀이 변하여 용이 된 격이니 천리용마千里龍馬라 해서 대귀大貴를 논하나 한편으로는 지망地網이라 관재구설官災口舌이 침범할 우려가 있다. 巳는 申을 만나면 합合도 되고 파破도 되는데, 巳火에 庚金이 장생長生이라 申이 巳를 보면 합合으로 보고, 巳가 申을 보면 파破로 보는 견해가 있다. 巳가

戊土를 보면 원진怨嗔이니 年月에 辰巳는 부모와 일찍 이별하는 경우가 많고, 日時의 辰巳는 처자妻子와의 분리分離를 암시한다. 巳亥의 충沖은 화승수강火昇水降으로 폭발사고를 야기하는 수가 있다. 巳가 寅을 보면 형刑으로 심장질환心臟疾患에 혈질血疾로 나타날 가능성이 있다. 巳酉丑 삼합三合은 조직단체組織團體의 단합團合을 의미하나 역합逆合이라, 복잡다난複雜多難하고 불화지합不和之合으로 나타나는 경우가 많다. 순합順合이 아닌 역류逆流의 합合은 장자長子라 해도 장남의 구실을 못하고, 육친六親과 소원疎遠할 때가 많다. 辰巳는 몸체가 긴 동물이라 이것이 식재食財에 해당하면 면麪 종류의 물상物象에 속한다. 巳에는 丙戊가 있으니 丙은 밝고, 戊土는 광장廣場과 같아 백주白晝에 차마車馬가 달리는 도로로 통변通辯하기도 한다. 巳火는 육양六陽의 극처極處로 용광로鎔鑛爐와 같으니 庚金이 생生하고, 巳申이 형합刑合이나 서로가 특별히 해害를 입지 않다가, 亥水와 충沖할 때 불꽃이 튀어 부정적인 현상으로 나타나기 쉽다.

7. 午火

午에서 庚이 욕패浴敗하고 甲이 사지死地인데 子가 충沖하면 庚甲은 사운死運에 든다. 午에서 癸는 절지絶地에 드니 왕旺한 火土에 종從하여 생의生意를 얻는다. 午午는 자형自刑인데 화기火氣가 극렬極烈하니 복음伏吟으로 상곡喪哭이라, 甲木은 매우 위태해진다. 子午의 충沖은 甲庚이 두려운 것이고, 왕지旺地의 丙壬을 꺼리지 않는다.

午火는 양극처陽極處이고, 일음一陰이 시생始生하는 곳으로 화세火勢가 극왕極旺한 때다. 말은 출입과 경주를 좋아하므로 집에 있으면 수심愁心이 따른다. 午는 보통 차車로 보는데, 음양陰陽이 교차하는 시점으로 천부적으로 임기응변에 능하나 이중적 품성은 때에 따라 모순된 기분을 조성하여 평소와 달리 이해할 수 없는 사람으로 변신한다. 한 마디로 명쾌한 사고력과 신속한 행동력을 필요로 하는 일에 특이한 재능을 지니고 있다고 볼 수 있다. 또 午火는 등화燈火요, 봉화대烽火臺로 보기도 한다. 午中 己土는 록지祿地나 조토燥土라 사토

沙土라 한다. 午中 己土가 식재食財에 해당되면 과자류菓子類와 연관된다. 木 일간日干이 午月生이고 水가 없으면 고사枯死하고, 丑辰의 습토濕土가 있으면 반길反吉해진다. 午火는 차마車馬로 달리는 것이라 교통수단交通手段이고 가축家畜이며, 팔자八字에 水가 있고 午火가 식재食財면 생선生鮮을 연상시킨다. 午가 丑을 보면 원진怨嗔, 탕화湯火가 되는데 丑中癸水가 끓는 물이 되어 화상火傷을 암시한다. 귀문鬼門은 칠살七殺, 未土의 앞 글자 午가 귀살鬼殺의 문전門前이 된다는 뜻으로 정신착란精神錯亂, 신경과민神經過敏, 노이로제 등의 증상症狀을 야기한다. 午生이 辰時에 태어나면 용마龍馬라 하여 길명吉命으로 보고 午馬가 진룡辰龍을 생生하는 격이다. 寅午戌 삼합三合은 부모본인자식父母本人子息과의 합合이니, 丙火를 생성生成하는 용광로鎔鑛爐로 寅은 午를 생生한 연후 사지死地에 들고, 午는 戌을 생生하고 입묘入墓한다. 午를 子가 충沖하면 화재火災, 폭발暴發 등과 관련된 사고事故일 경우가 많다. 午가 申을 보면 욕패浴敗에 드는데 격각隔角이라, 상사喪事가 날 우려가 있고, 午午에 子가 충沖이면 쌍마雙馬가 충沖이라 이중삼중의 충돌衝突 상황을 암시한다. 壬午日은 비재飛財하는 형국이라 천지합덕天地

合德이라 해서 대개 길명吉命으로 간주한다.

8. 未土

未는 木이 입묘入墓하는 자리로 金 일간日干의 재財는 입고入庫되는 현상(損財, 病患)을 보기 쉽다. 己가 丑을 보면 대帶에 해당되고, 상관傷官 庚金 또한 대궁帶宮에 속하므로 일종의 오기傲氣를 품어 고독孤獨하기 십상이다. 子가 未를 보아 원진怨嗔으로 입묘入墓되는 것은 未가 癸의 묘지墓地이기 때문이다. 未에는 甲, 卯(乙), 子(癸)가 입묘入墓된다. 未中乙丁은 戌土의 형刑으로 개고開庫시키는 것이 대개 유용有用하다.

未土는 열토熱土로 온상溫床에 비유한다. 팔자八字에 未中乙木이 재財에 해당하면 화초류花草類로 채소菜蔬, 약초藥草, 화원花園, 임야林野 등과 관계가 있다. 혹은 양羊의 내장內臟이 연상되어 양의 곱창으로 풀이할 때가 있기도 하다. 未土는 왕旺한 亥水가 중첩

重疊되면 제방堤防이 무너진다. 양羊은 물을 두려워하고, 유순柔順하지만 자기방어본능이 있으며 경박輕薄하고 끌려가는 것을 싫어한다. 未가 酉, 辛金을 보면 문창식신文昌食神이다. 未와 酉 사이에는 申이 공협拱挾해 있어 격각隔角이고 상문喪門이라 사별곡사死別哭事가 있다. 곤명坤命 未生이 寅月에 나면 시가媤家가 몰락한다 했는데 이것은 未가 寅木의 장지葬地이기 때문이다.

9. 申金

申에서는 壬이 생生하여 토명土命이 申을 보면 역마驛馬가 되어 분주히 움직이며 발복發福할 가능성이 높다. 癸는 申에서 사死하니 寅의 욕궁欲宮과 충沖하는 것을 두려워한다. 甲은 申에서 절絶하지만 申中庚壬이 생生하여 절처봉생絶處逢生한다. 庚甲의 寅申沖은 록祿을 파괴하여 절絶의 흉의가 나타나므로 불리하다. 壬丙戊의 寅申沖은 생生과 마馬의 충沖으로 발전적인 변화를 암시한다.

申金은 壬水의 장생지長生地로 申은 子에서 사死하고, 亥가 병지病地가 된다. 申은 철마鐵馬고 물탱크로 수원지水原地다. 申日이 亥時에 나면 천지교태天地交泰로 크게 발전한다. 원래 생生의 기운은 충沖되지 않으면 불용不用이므로 申은 寅을 암충暗沖하고, 亥는 寅을 암합暗合하여 丙戊를 취용取用한다. 卯와 申은 원진怨嗔으로 파재破財의 우려가 있다. 申月에 未土는 천의신天醫神이라 하고 未中丁乙己가 재財면 의약醫藥과 인연因緣이 있다. 申子는 청수淸水요 생수生水고, 子辰은 탁수濁水다. 원숭이는 이기利己, 탐식獨食, 재기才氣, 고독孤獨, 독주獨走 등의 성질을 품는데 이 같은 성분이 성정性情으로 나타나기 쉽다.

10. 酉金

乙이 酉를 보면 절지絶地에 들고, 상관사궁傷官死宮

이 되어 심신心身이 고단하다. 辛이 酉를 보면 丙火 관官이 사지死地에 들므로 곤명坤命은 상부지명傷夫之命이 될 우려가 있다. 壬丙戊 일간日干은 거개 욕浴과 사死의 卯와 酉를 꺼린다. 癸는 酉에서 병病이 들므로 子酉가 파破하면 수술手術하기 쉬운데 酉는 子에서 생生을 얻으므로 크게 악화되는 일은 좀체 없다.

酉金은 서방西方에 있어 戌亥 건방乾方에 가까우니 종소리가 천문天門에 울린다 해서 사종寺鐘에 비유했다. 酉는 戊土를 기뻐하지만, 酉戌은 편방偏方이라 자연子緣이 박薄하고 숙살지기肅殺之氣로 고독성孤獨性을 품는다. 酉는 닭으로 만인에게 소득所得은 없으나 시간時間을 알려주니 희생봉사犧牲奉仕하고, 아손타익我損他益한다. 酉는 水를 좋아하고 동절冬節의 辛金은 火의 온난溫暖함을 요한다. 酉金에 水가 많으면 금백수청金白水淸이라, 청귀격淸貴格이 되고, 火土가 많은 것을 기피한다. 酉金은 주옥珠玉, 주기酒器에 비유되기도 하며 정밀부속精密附屬이므로 火가 많으면 천명賤命으로 식소사번食小事煩이기 쉽다. 그래서인지 辛金 일간日干이 추동秋冬에 태어나면 길명吉命이 많고, 하절夏節에 나면 하격下格이 많다. 酉生이 寅을 보면 원진怨嗔이고 계성鷄聲이면 호虎는 활동活動에 장해障害가 따르는데 寅이 酉를 원망怨望하고 평생불반不平不滿이 되기 쉽다. 酉生酉日은 자형自刑이 되어 고독孤獨을 내포內包하므로 육친六親의 덕德이 두텁지 않다. 酉生은 곡식穀食을 먹으며 흩어 버리니 큰 부자가 별로 없다. 酉는 성대聲帶가 좋으니 악기樂器라 하고 두발로 달리는 짐승으로 오토바이, 자전거自轉車등과 관계가 있다. 酉가 辰과 합合하면 酉金이 묘지墓地에 들므로 사계死鷄라 한다.

11. 戊土

壬은 戌에서 관대冠帶인데 甲은 양養이고, 乙은 묘墓에 들어 곤명坤命에 乙木의 자식子息은 인연이 박薄하다. 庚辛이 丙戌을 보면 부성입묘夫星入墓가 되는데 부성夫星이 절지絶地가 되는 亥運에 상부喪夫하거나 분리分離되는 경우가 많다. 乙이 戌에 입묘入墓하는 것은 卯戌合으로 卯木이 戌土에서 생육生育되지 않는 현상을 나타낸다.

戊土는 천문天門으로 만물이 쇠멸衰滅하는 곳이다. 화로火爐, 창고倉庫와 같다. 寅午戌 화국火局이면 용광로鎔鑛爐로 戊中丁火와 辛金은 辰土나 丑土가 있어야 개고開庫되어 유용有用해진다. 戊中辛金은 壬水가 있어야 辛金을 사용使用할 수 있다. 丙火는 戊土를 보아야 丙火가 입묘入墓되어 평안平安을 얻을 수 있다. 戊月은 만초목萬草木이 엽락葉落하는 계절로 추수秋收하여 저장貯藏하는 창고倉庫가되고 폐물廢物을 쌓아두는 곳간이다. 戊日이 卯木을 만나면 춘추문필春秋文筆이라 하는데 욕지浴地에 들어 풍류風流가 나타난다. 戊土에는 辛金이 암장暗藏이라 산중사원山中寺院이 되며 戊亥는 천문이고 천라天羅다. 지구地球는 위로 戊亥方이고 아래로는 辰巳方인데 까닭에 戊亥를 천문天門, 辰巳를 용궁龍宮이라 한다. 戊亥 천문天門은 조기祖基를 파破하고, 제사선후불합諸事先後不合이 되며 처자妻子를 극剋한다. 戊月의 辛金 재財는 천의天醫라 의약醫藥 계통과 인연이 깊고, 戊은 화개華蓋로 중첩重疊되면 승도孤僧, 무녀巫女, 도인道人, 점술占術 등의 분야와 관계된다. 戊은 천문고방天門孤方이고 辰은 용궁

龍宮이라 日時에 辰戌이면 불입귀인不入貴人이 되니 남자는 형처극자刑妻剋子하고 여성은 과부지명孤寡之命이다. 卯는 戌에 입고入庫되는데 卯가 처자妻子가 되면 불가不可하고 결국 이별離別하게 된다. 戌土는 생목불가生木不可라, 卯木 재財를 심으면 발전이 없다.

12. 亥水

亥는 水의 록왕지祿旺地고, 火土의 포태지胞胎地다. 亥에서 辛은 욕浴, 乙은 사死가 되므로 乙辛은 대개 巳亥沖을 매우 꺼린다. 酉가 亥를 보면 금침金沈되고, 卯가 亥를 보면 부목浮木되는 상이므로 木火沖은 필시 干支 專者를 갖추어야 구제됨이 있다. 甲木은 亥에서 생生을 얻지만 丙戊는 절지絶地가 되므로 식재食財가 무용無用할 때가 많다. 亥는 丁의 태지胎地이자, 귀인貴人인데 壬水 관官의 건록建祿이니 곤명坤命은 귀부貴夫와 인연을 맺는다.

乙亥 일주日柱가 卯月에 나면 亥는 卯를 낳고 사死하므로 태어날 때 모친母親이 세상을 떠난다. 亥水는 대해大海로 亥가 辰을 보면 원진怨嗔으로 亥는 辰에 입묘入墓된다. 亥水는 육음六陰으로 甲木의 생지生地가 된다. 그러나 이때의 甲木은 사목死木이므로 곤명坤命 壬水 일간日干에 亥中甲木이 식신食神으로 자식子息이나 卯나 未가 없으면 불구不具 혹은 흠결欠缺이 있는 자녀를 둘 가능성이 있다. 寅과 亥는 합合도 되고, 파破이기도 한데 亥水는 寅에 병지病地로 亥가 파破한다. 다시 말해 寅은 亥에서 생生하니 寅木에는 합合이 있다. 亥水는 강해江海라 丙火 태양太陽의 조광照光이 있으면 빛이 찬란하여 편관偏官이나 양우良友로 본다. 亥水가 丁火를 보면 亥中壬水가 암합暗合하고 木이 암생暗生한다. 金 일간日干에 亥中甲木이 재財가 되면 해상운송업海上運送業, 해초류海草類, 수산업水産業과 관계된다. 亥와 戌은 천문天門으로 남녀 공히 부부연夫婦緣이 허약하고, 철학哲學 계통과 인연이 있다. 무속巫俗과도 관계되며 혹은 자선사업慈善事業과도 연계된다. 戌亥는 천라天羅로 巳亥沖은 육양六陽과 육음六陰의 극왕지충極旺地沖이라 불꽃이 튀기므로 폭발화재爆發火災 등의 현상으로 나타날 때가 있고, 인체에서는

혈압血壓이 오른다. 亥가 卯를 보면 卯를 낳고 사死하며 卯 또한 사死하므로 긴밀히 살필 필요가 있다. 木은 未가 장지葬地로 甲乙 일간日干이 木의 삼합三合을 보면 남녀 공히 부부夫婦 해로偕老가 어렵다. 庚日이 亥月에 나면 문창식신文昌食神이 되고, 戊土는 천의문서天醫文書가 된다.

參考文獻 (가나다 順)

原書

欄江網 余春台

論衡 王充

三命通會 萬民英

子平一得 徐樂吾

子平眞詮 沈孝瞻

滴天髓 京圖

八字入門 李修

單行本

窮通寶鑑一讀 禹碩鉉 장서원

欄江網마스터리 李修 장서원

命理物象實戰59招 이수명리학회 해운대포럼 장서원

命理叢書三命通會 朴一宇 明文堂

子平眞詮리뷰 李修 장서원

제대로 보는 子平眞詮 任正桓 원제역학연구소

子平一得 徐樂吾 上海印書館

子平一得講論 鄭圭錬 홍릉과학출판사

造化元鑰評註 徐樂吾 武陵出版社

滴天髓摘要 李修 武陵出版社

滴天髓스펙트럼 李修 장서원

八字虛字論 李修 장서원

胞胎珍技 崔理隣 장서원